H.-C. ANDERSEN

NOUVEAUX CONTES

TRADUITS PAR

LOUIS DEMOUCEAUX

Précédés d'une Lettre-Préface, par Eugène BAZIN.

VERSAILLES

IMPRIMERIE DE E. AUBERT

6, avenue de Sceaux.

1874

H. C. Andersen

H.-C. ANDERSEN

NOUVEAUX CONTES

TRADUITS PAR

LOUIS DEMOUCEAUX

Précédés d'une Lettre-Préface, par Eugène BAZIN.

VERSAILLES

IMPRIMERIE DE E. AUBERT

6, avenue de Sceaux.

1874

LETTRE-PRÉFACE

A Monsieur le Rédacteur en chef
de l'*Union libérale démocratique de Seine-et-Oise.*

Monsieur,

Au nom de plusieurs de vos lecteurs et au mien, permettez-moi d'adresser ici des remerciements à M. Louis Demouceaux, pour les délicieuses et fines choses qu'il nous a fait goûter dans votre journal : je veux parler des *Nouveaux Contes* d'Andersen, bien dignes de leurs devanciers, qui eux-mêmes contenaient déjà le germe d'un épanouissement splendide. Seulement, c'est dommage que conteur et traducteur ne nous fassent pas durer l'enchantement mille et un jours, à l'exemple de Scheherazade, la sultane qui conta si bien, *mille et une nuits!* — Oh ! les premiers sourires de l'aube ! oh ! les prestiges de notre enfance ! Et comme cette douce lecture vient de nous ramener, en nous berçant, vers le monde heureux des fées et des ondines, à quelques-uns de ces beaux contes que notre Lafontaine entendait toujours avec un *plaisir extrême !*

Oui, heureux l'enfant ! De plus en plus la route se fait sombre pour nous ; tandis que lui, il en est toujours au sommeil de l'innocence et aux songes d'or ; riche ou pauvre, joyeux et pur sous le ciel bleu, tout lui parle et le caresse, tout le charme et tout l'aime :

> « Le buisson l'arrête au passage
> Et le caillou joue avec lui. »
>
> V. Hugo.

Heureux aussi Andersen qui, doué de tous les dons de l'esprit, a su rester enfant par le cœur ! Je ne connais ni fabuliste philosophe, ni chantre mélodieux, ni peintre intime ou fantaisiste qui, mieux que lui, sache nous initier, nous associer à la vie cachée dans toute la création, et puisse y éveiller pour nous plus de sentiment et plus de voix.

N'allons pas croire en effet que ces contes soient uniquement destinés à l'amusement du premier âge. On y sent déjà cet instinct de force, cette ardeur naissante d'expansion et d'amour dévoué, flamme généreuse de la jeunesse ; et là même où le merveilleux ne se mêle pas à l'action, il y a dans ces récits une prestesse d'allure et de langage, un mouvement, un air de bravoure et, par-dessus tout, une originalité naïve que la traduction a su rendre excellemment et qui me plaisent tout à fait. — J'avoue mon faible : j'aime beaucoup *le Fils du portier;* passionnément *la Fille de glace;* et je citerai deux certains chats dont les câlineries et les miaulements pour *Babette* et pour *Rudy* sont autrement selon mon cœur que les rodomontades du *chat botté* pour le *marquis de Carabas,* que je n'aime pas du tout. — Nous n'avons point de marquis ici; mais nous n'en portons que plus d'intérêt aux humbles héros de ces petites et gracieuses épopées; et d'ailleurs l'on est saisi, fasciné par cette grandiose nature dont parfois la majesté encadre si magnifiquement, dans leur simplesse, les aimables personnages du poète danois, du poète enthousiaste pour l'Orient, le pays de ses rêves, et d'où son imagination, déjà si féconde, avait rapporté tant de richesses nouvelles, des couleurs si brillantes et si variées.

Cependant, nul horizon lumineux, nul climat dans sa magie ne pouvait lui faire oublier son cher petit Danemarck ; et, à la fin de son voyage en Espagne, nous l'entendons s'écrier :

Bords étrangers ! mon cœur est ivre de vos charmes ;
Mais, au pays danois, mon bonheur a des larmes.

Le blanc voyageur, le beau *cygne du nord* va, par intervalles, chercher le soleil sous des cieux lointains ; mais, à tire-d'aile et toujours, il reprend son vol vers le rivage qui le vit éclore.

Et maintenant qu'il vous possède, ce Danemarck que j'envie ; maintenant qu'il vous garde, dit-on, dans la paix de votre foyer, ah ! monsieur Andersen, contez encore, et prenez toujours pour votre interprète auprès de nous M. Louis Demouceaux !

Et vous-même, Monsieur le rédacteur en chef, veuillez agréer la nouvelle assurance de mes sentiments reconnaissants et bien affectueux.

Eugène BAZIN.

Versailles, le 20 avril 1874.

Post-Scriptum. — Je suis heureux d'apprendre que depuis la publication de ces Contes dans *l'Union libérale*, on en prépare une nouvelle édition qui formera un joli volume de poche. Et pour que rien ne manque à l'attrait de ce petit livre, on nous y promet un médaillon de la figure méditative et sympathique d'Andersen, reproduite par l'habile photographe versaillais, M. Georges.

NOUVEAUX CONTES

DE H.-C. ANDERSEN

LA PSYCHÉ

A l'aube du jour, au firmament vermeil, brille une grosse étoile, la plus brillante étoile du matin ; ses rais tremblent sur la page blanche du ciel, comme si elle voulait y tracer ce qu'elle a à raconter, ce que depuis des milliers d'années elle a vu, ici et là, sur notre terre tournante.

Ecoutons un de ses récits :

Tout dernièrement, — le « dernièrement » d'une étoile se traduit pour nous autres hommes par « il y a des siècles, » — mes rayons accompagnaient un jeune artiste ; c'était dans la ville des papes, à Rome, la ville universelle, où beaucoup de choses ont passé avec la fuite du temps, mais pas toutefois aussi rapidement que l'homme passe de l'enfance à la vieillesse. Le palais des Césars alors était, comme il

est encore aujourd'hui, une ruine ; des figuiers et des oliviers croissaient parmi des
colonnes de marbre renversées, au milieu
de salles de bains détruites, dont les murailles étaient encore couvertes d'or ; le Colysée était une ruine aussi ; les cloches des
églises sonnaient, l'encens fumait, des pro-
cessions circulaient dans les rues avec des
cierges et des dais éclatants. L'art ici se
consacrait à la sanctification des églises, et
l'art était saint et auguste. A Rome, vivait
le plus grand peintre du monde, Raphaël ;
là vivait le premier statuaire du temps,
Michel-Ange ; le pape lui-même encourageait ces deux hommes et les honorait de
sa présence ; l'art était distingué, honoré,
il était aussi récompensé, et, néanmoins,
on ne distinguait pas, on ne connaissait pas
tout ce qui était grand et habile.

Dans une rue étroite s'élevait une vieille
maison, qui jadis avait été un temple ; un
jeune artiste y habitait ; il était pauvre,
inconnu ; il avait des amis, des artistes
comme lui, jeunes de courage, jeunes d'espérance et de pensée ; ils lui disaient qu'il
était riche de talent et d'habileté, mais
qu'il était fou de n'y jamais croire, de toujours briser l'argile qu'il avait façonnée, de
n'être jamais content, de n'avoir jamais
une œuvre finie, et qu'il le fallait cependant pour qu'on la vît, pour se faire connaître, et gagner de l'argent.

« Tu es un rêveur, lui disaient-ils encore,
et c'est ton malheur ! Mais cela vient de ce
que tu n'as pas encore vécu, de ce que tu

n'as pas encore expérimenté la vie, de ce que tu n'as pas bu à même la coupe à longs traits, comme cela doit être. C'est précisément dans la jeunesse qu'on peut, qu'il faut mêler son moi à la vie et s'y confondre ! Voilà le grand maître Raphaël, le pape l'a en honneur, le monde l'admire, et il ne dédaigne ni le pain ni le vin ! »

« Il sourit même à la boulangère, la gracieuse Fornarina ! » ajouta Angelo, un des plus joyeux amis de l'artiste.

Et autres propos que leur inspiraient leur jeune âge ou leurs goûts. Ils voulaient entraîner le jeune artiste dans le tourbillon de l'existence joyeuse, de l'existence tapageuse, comme on eût pu dire, et pour un moment il se sentit du penchant pour cette vie ; il avait le sang chaud, une imagination puissante, et il se mit à l'unisson de leur entretien léger et à mêler son rire bruyant au leur. Et cependant ce qu'ils appelaient « la vie joyeuse de Raphaël, » s'évanouissait en lui comme la rosée du matin, quand il contemplait la majesté divine qui se reflétait dans les tableaux du grand maître, quand il était au Vatican devant ces formes sublimes que les maîtres des âges passés avaient tirées des blocs de marbre ; alors sa poitrine se soulevait et il concevait en son âme quelque chose de si élevé, de si noble, de si saint, de si grandiose, de si pur, qu'il souhaitait de tirer aussi du marbre des formes semblables. Il voulut donc rendre l'image idéale qui de son cœur inspiré s'élançait vers l'infini ;

mais comment la rendre et sous quelles apparences? L'argile complaisante se pétrit sous ses doigts et revêtit une forme pleine de beauté; cependant le jour d'après il brisa comme toujours sa création.

Une fois, il passait près d'un de ces riches palais tels que Rome en offre un grand nombre. Il s'arrêta devant la superbe entrée qui était ouverte et vit un passage cintré orné de statues entourant un petit jardin, où s'épanouissait une abondante collection de roses rares. De grands arums blancs avec leurs feuilles vertes et grasses s'élevaient au-dessus du bassin de marbre où clapotait une eau limpide, et là il vit passer une forme de jeune fille, l'enfant de cette demeure princière, mignonne, légère, d'une beauté merveilleuse! Jusqu'alors, pareille créature féminine ne s'était point offerte à ses regards, et cependant! Raphaël l'avait peinte en Psyché dans un palais de Rome; oui, là-bas, elle était en peinture, ici, elle se mouvait vivante.

Le cœur et la pensée tout pleins de cette apparition, il rentra dans sa pauvre chambre et modela la Psyché; or, c'était la riche Romaine, la jeune patricienne; et pour la première fois il considéra son œuvre avec satisfaction. Cette statue avait une signification pour lui : c'était Elle. Les amis qui la virent firent éclater leur joie : cette œuvre était une révélation de cette grandeur d'artiste qu'ils avaient saluée les premiers et que le monde saluerait à son tour.

L'argile était vraiment une chair palpi-
tante, mais elle n'avait pas la blancheur et
la durée du marbre ; c'était le marbre qui
devait donner la vie à cette Psyché, et
l'artiste possédait déjà un bloc de cette
matière précieuse qui depuis des années
reposait dans la cour, comme un bien ap-
partenant à ses parents. Des fragments de
verre, des résidus, de la mousse, étaient
entassés sur le bloc et le salissaient, mais
au milieu de ces impuretés, il était blanc
comme la neige des montagnes, et c'est de
lui que devait sortir la Psyché.

Un jour enfin, — la brillante étoile ne
nous l'a pas raconté, mais nous le savons
bien toutefois, — un jour donc, il arriva
qu'une société choisie de Romains se rendit dans la rue étroite et chétive ; l'équi-
page s'arrêta à l'entrée et la société se dirigea à pied vers la maison du jeune sculp-
teur pour y voir son travail dont elle avait
d'aventure entendu parler. Or, qui étaient
ces visiteurs de distinction ? — Pauvre
jeune homme ! ou plutôt trop heureux
jeune homme, pouvait-on dire de lui. C'é-
tait la jeune fille elle-même qui se trouvait
là dans sa chambre, et quelle expression
dans son sourire lorsque son père lui dit :
« C'est bien toi, c'est ton image vivante ! »
Impossible de rendre le sourire, le regard
étrange qu'elle adressa au jeune artiste,
c'était un de ces regards qui transportent,
grandissent, et qui foudroient aussi.

« Il faut reproduire cette Psyché en
marbre ! » dit le riche personnage. Ces pa-

roles étaient des paroles de vie pour l'argile morte et pour le pesant bloc de marbre, c'étaient aussi des paroles de vie pour
le jeune artiste ému au fond de l'âme.
« Quand le travail sera achevé, je vous l'a-
chèterai ! » dit en se retirant le noble visi-
teur.

Une ère nouvelle s'ouvrit dès ce moment
pour le pauvre atelier : il s'illumina de
bonheur et de vie et s'anima d'une activité
créatrice. L'étoile du matin fut témoin des
progrès du travail. L'argile elle-même avait
comme une âme depuis qu'Elle était venue
en ce séjour ; ses traits fidèlement rendus
rayonnaient d'une beauté sublime.

« Je sais désormais ce qu'est la vie ! disait l'artiste enivré, c'est l'amour ! C'est la
noble recherche du beau en sa ravissante
magnificence ! Ce que mes amis appellent
vie et jouissance n'est qu'apparence fugi-
tive, que bulles d'écume qui fermente, ce
n'est pas le vin généreux et mystique con-
sacré sur l'autel qui sanctifie à salut. »

* Le bloc de marbre fut installé et le ci-
seau y fit de larges entailles, puis les me-
sures furent prises, les points et les signes
marqués, et le travail mécanique exécuté,
et insensiblement la pierre prit la forme
d'un corps, d'un corps aux belles proportions, de la Psyché enfin, accomplie et
charmante, comme est l'image de Dieu
quand elle se reflète dans la jeune Vierge.
La lourde pierre planait, voltigeait, sub-
stance aérienne, et c'était bien la gracieuse
Psyché, avec son divin, son naïf sourire,

tel qu'il était empreint dans le cœur du jeune statuaire.

L'étoile de l'aube nuancée de rose vit et comprit ce qui agitait le jeune homme ; elle comprit très bien pourquoi ses joues changeaient de couleur, pourquoi ses yeux dardaient des éclairs pendant qu'il exprimait ce que Dieu lui avait inspiré.

« Tu es un maître comme ceux de l'antique Grèce ! disaient en s'extasiant les amis du jeune homme ; bientôt le monde entier admirera ta Psyché ! »

« Ma Psyché ! reprenait-il ; oui, mienne et mienne elle doit être ! Ne suis-je pas un statuaire comme l'ont été ces morts illustres dont vous parlez ! Dieu m'a départi le don qui m'élève au rang de ceux que la naissance a faits nobles ! »

Et il s'agenouillait, versant des larmes de reconnaissance envers Dieu, et il oubliait Dieu en pensant à Elle, à son image de marbre, à l'image de sa Psyché, qui était là comme faite d'une blanche neige rougissant aux premiers feux du matin.

Bientôt il allait la voir réellement, la Psyché vivante, la Psyché aérienne, dont les paroles résonnaient comme une suave musique ; bientôt il allait annoncer aux hôtes du riche palais que la Psyché de marbre était finie ; et en effet il s'y rendit, traversa la cour où l'eau lancée par des dauphins retombait avec bruit dans la vasque de marbre où les arums blancs fleurissaient, où des roses aux vives couleurs s'épanouissaient en une luxuriante abondance. Il pénétra sous le porche spacieux et grandiose, dont les parois et la coupole étaient décorées d'armoiries et de portraits. Des serviteurs bien vêtus, aux airs d'importance, comme des chevaux portant des sonnettes, allaient et venaient ; quelques-uns étaient étendus avec une négligence superbe sur des banquettes de bois sculpté, comme s'ils eussent été les maîtres du lieu. Le jeune homme leur dit ce qui l'amenait au palais, et on lui indiqua de suite l'escalier de marbre blanc dont les marches étaient recouvertes d'un tapis moelleux ; des deux côtés se dressaient des statues ; le jeune homme traversa une pièce richement ornée de tableaux et dallée de mosaïques éclatantes. Toute cette magnificence lui rendait la respiration pénible, mais bientôt il se sentit tout léger.

Le vieux prince l'accueillit avec une extrême bienveillance, presque cordialement, et comme il prenait congé de lui, il fut prié d'entrer chez la signora, qui désirait le voir. Le valet le conduisit à travers des appartements somptueux jusqu'à sa chambre dont elle était elle-même la plus magnifique parure.

Elle lui adressa la parole, et il n'est pas de *Miserere*, pas de chant religieux capable d'attendrir, capable d'élever l'âme comme son langage. Il lui prit la main, la pressa sur ses lèvres ; et il n'est pas de rose d'une si exquise douceur ; mais un feu se dégagea en même temps de cette

rose ; un feu, une sensation enivrante parcourut tout son être, et les paroles tombèrent de ses lèvres sans avoir conscience
de ce qu'il disait. Le cratère sait-il qu'il
lance une lave brûlante ? Il lui avoua son
amour. Elle resta étonnée, offensée, l'air
hautain et railleur ; son expression était
celle qu'elle eût éprouvée au soudain contact d'une grenouille humide et glacée ;
ses joues s'empourprèrent tandis que ses
lèvres blêmissaient ; ses yeux étaient de
feu et sombres cependant comme les ténèbres de la nuit.

« Insensé ! dit-elle, partez, sortez ! » et
elle lui tourna le dos, et son beau visage
était celui de la Gorgone aux cheveux de
serpents dont la vue pétrifiait, et lui, pareil à un objet privé de vie, s'affaissant sur
lui-même, il descendit tout chancelant
l'escalier et gagna la rue ; puis comme un
homme ivre il parvint à son habitation, et
là, dans un transport de folie et de douleur, il saisit son marteau, le brandit haut
dans l'air et voulut détruire la belle statue
de marbre ; mais dans son état d'exaspé-
ration il n'avait pas remarqué la présence
de son ami Angelo, et celui-ci retint vigoureusement son bras.

« Es-tu fou ! Que fais-tu là ! »

Ils luttèrent ensemble ; Angelo était le
plus fort, et brisé, exhalant un soupir, le
jeune statuaire se jeta sur son siége.

« Qu'est-il donc arrivé ? demanda Angelo, remets-toi ! parle-moi ! »

Parler ? mais que pouvait-il dire ? Et

Angelo, reconnaissant l'impossibilité de débrouiller ses idées confuses, renonça un moment à presser son ami ; mais bientôt il reprit : « Tu te brûles le sang à rêver éternellement ! Sois donc un homme comme nous autres ; ne vis pas constamment dans l'idéal, on trébuche en cette poursuite ! un doigt d'ivresse et on s'endort heureux ! Prends-moi une belle fille pour ton médecin ! Une fille de la campagne de Rome est belle autant que princesse en son palais de marbre ; toutes deux sont filles d'Ève, et dans le Paradis il n'est pas de différence entre elles ! Écoute ton Angelo ! Je suis ton bon ange, l'ange de la vie ! Le temps viendra où tu seras vieux et où ton corps s'écroulera sur lui-même, et alors un brillant soleil aura beau luire, tout rira et sera en joie, et toi, tu seras étendu là comme une tige desséchée, privée de séve ! Je ne crois pas ce que les prêtres disent d'une vie par-delà le tombeau, c'est une belle illusion, un conte pour les enfants, fort joli en vérité quand on peut y croire ; — moi, je ne vis pas d'illusions, mais de réalités ! Viens avec moi ! Sois un homme ! »

Et il l'entraîna avec lui ; ce lui fut chose possible en ce moment : le sang du jeune statuaire était en feu ; un changement s'était opéré dans son âme ; quelque chose le poussait à s'affranchir du passé, de l'ordinaire, à dépouiller l'ancien Moi ; c'est pourquoi il suivit Angelo.

Dans un séjour écarté de Rome, était

une osteria fréquentée des artistes, construite dans les ruines de bains antiques ; de gros citrons jaunes pendaient entre le feuillage sombre et luisant qui cachait une partie des vieilles murailles d'un ton briqueté. L'osteria était une voûte profonde presque semblable à une caverne au milieu de la ruine ; à l'intérieur une lampe brûlait devant une madone, un grand feu flambait dans le foyer où l'on faisait cuire et rôtir des aliments ; dehors, sous les citronniers et les lauriers étaient dressées quelques tables toutes servies.

Les deux jeunes gens furent accueillis avec transport par leurs amis. On mangeait peu, on buvait beaucoup, et cela excitait la gaîté ; on chanta, on joua de la guitare ; le saltarello résonna et une danse joyeuse commença. Deux jeunes Romaines qui servaient de modèles aux artistes prirent part à la danse et au divertissement : Deux bacchantes ravissantes ! Ce n'étaient, à vous dire, ni des Psychés, ni des roses délicates, mais des œillets de feu, pleins de séve et d'entrain.

Quelle ne fut pas la chaleur de cette journée ! elle persista même après le coucher du soleil ; le feu était dans le sang, le feu était dans l'air, le feu était dans chaque regard. L'air étincelait de pourpre et d'or, la vie était rose et dorée.

« Te voilà donc enfin ! Laisse seulement le flot te porter, t'entourer, t'abreuver ! »

« Jamais je ne ressentis un tel bien-être, une telle joie ! dit le jeune statuaire. Tu as raison, vous avez tous raison, j'étais un fou, un rêveur, l'homme appartient à la réalité, non à la fantaisie ! »

Quand le soir s'illumina d'étoiles, au bruit des chansons et des guitares, les jeunes gens quittèrent l'hôtellerie et parcoururent les rues étroites ; les deux œillets de feu, les filles de la Campagna marchaient avec eux.

Dans la chambre d'Angelo, au milieu des esquisses éparses, des feuillets jetés çà et là, au milieu des peintures de feu, les voix résonnaient plus sombres, plus graves, mais non moins animées ; à terre gisait mainte feuille où les filles de la Campagna étaient représentées dans leur beauté puissante et variée, et cependant elles étaient bien plus belles encore que leur image. Une lampe à six branches prodiguait la lumière par toutes ses mèches enflammées, et la clarté jaillissait des corps des jeunes artistes et les environnait comme d'un nimbe resplendissant de divinité ! Apollon ! Jupiter ! Je suis transporté dans votre Olympe ! au sein de vos délices ! Il me semble que la fleur de vie s'épanouit en ce moment dans mon cœur ! »

Oui, elle s'épanouit ; — il fléchit sur lui-même, tomba, et une vapeur malsaine tourbillonna, qui appela la pâleur sur son visage et engourdit ses pensées. Le feu d'artifice de ses sens s'éteignit et les ténèbres se firent.

Il se retrouva dans sa chambre ; là il se jeta sur son lit et se recueillit : « Fi ! » articula sa bouche, et cet accent sortait du plus profond de son cœur. « Misérable ! partez ! sortez ! » — Et un douloureux soupir s'échappa de sa poitrine.

« Partez ! sortez ! » Ces paroles de la Psyché vivante vibraient en lui, résonnaient sur ses lèvres. Il enfonça sa tête dans son oreiller, sa pensée était troublée, il s'endormit.

A la pointe du jour, il s'éveilla, se recueillit de nouveau. Que s'était-il passé ? Tout cela n'était-il qu'un rêve ? Sa visite auprès d'Elle, la visite à l'osteria, la soirée passée avec les œillets empourprés de la Campagna, tout cela était-il un songe ? — Non, tout cela était une réalité, inconnue de lui auparavant.

Au firmament nuancé de rose scintillait l'étoile sereine, et ses rayons tombèrent sur lui et sur la Psyché de marbre ; il trembla en contemplant l'image de l'immortelle, et son regard lui sembla impur : Il jeta le voile sur la statue, il la toucha encore une fois en lui couvrant le visage, mais il n'osa regarder son œuvre.

Silencieux, sombre, concentré en lui-même, c'est ainsi qu'il demeura tout le jour, il n'entendit rien de l'agitation du dehors, et personne ne sut ce qui s'agitait là, dans cette poitrine humaine.

Les jours, les semaines passèrent ; les nuits étaient les plus longues. La scintillante étoile le vit un matin, blême, tremblant la fièvre, quitter sa couche, s'avancer vers l'image de marbre, en écarter

l'enveloppe, promener un long, un douloureux regard sur elle, et ensuite, avec
peine, pliant presque sous le poids, transporter la statue dans le jardin. Là était un
vieux puits à sec, ou plutôt un trou; alors il
y descendit la Psyché, jeta de la terre dessus, et recouvrit la place d'herbe et d'orties.

« Partez ! sortez ! » Ce fut la courte
oraison funèbre qui se fit entendre.

L'étoile vit cette scène du haut du firmament nuancé de rose, et ses rayons se re-
flétèrent en tremblotant dans deux grosses larmes qui roulèrent sur les joues
blêmes du jeune homme, du jeune homme
dévoré par la fièvre, malade à en mourir,
disait-on, lorsqu'il fut étendu sur son lit
de souffrance.

Le frère Ignace le venait voir en qualité
d'ami et de médecin; il lui apportait les paroles consolantes de la religion, lui parlait
de l'apaisement et de la félicité qu'on trouve
au sein de l'Eglise, du péché des hommes,
de la miséricorde et de la paix en Dieu.

Ces paroles tombaient sur le jeune malade comme de chauds rayons de soleil sur
une terre en fermentation, et il s'en déga-
geait des nuages de vapeurs, de mystiques
pensées, de symboliques images, qui prenaient consistance, et de ces îles flottantes
il contemplait la vie humaine : elle n'of-
frait que tentatives avortées, qu'illusions,
et il en avait eu, lui aussi, sa part. A ses
yeux, l'art n'était que magie, nous indui-
sant en orgueil et en convoitises charnel-
les ; nous n'étions qu'imposture, faux en-

vers nous-mêmes, faux envers nos amis, faux envers Dieu ; et le serpent parlait toujours en nous : « Mange, et tu seras semblable à Dieu. »

Il lui parut que ce n'était que de maintenant qu'il s'était compris lui-même, qu'il avait trouvé le chemin de la vérité et de la paix. Dans l'Eglise, étaient la lumière et la splendeur de Dieu, le calme n'était que dans la cellule du cloître, et l'homme, cette plante, ne pouvait que là seulement croître pour l'éternité.

Le frère Ignace encourageait ces sentiments en son ami, et sa résolution fut fermement arrêtée : l'enfant du siècle devint un serviteur de l'Eglise, le jeune statuaire répudia le monde et se rendit dans un cloître.

Les moines l'accueillirent avec effusion, et la consécration eut lieu un jour solennel de dimanche. Dieu lui apparut dans l'éclat du soleil qui inondait l'église ; il le vit rayonner des images des saints et de la croix lumineuse ; et quand le soir, au coucher du soleil, il se trouva dans son étroite cellule, il ouvrit la fenêtre, promena sa vue sur l'antique cité, sur ses temples détruits, sur le Colysée, ce géant mort, il vit tout dans une parure printanière : les acacias étaient en fleur, le buis éclatait de fraîcheur, les roses s'épanouissaient partout, les citronniers, les orangers s'étalaient dans leur pompe, les palmiers balançaient leurs têtes comme des éventails ; et alors il se sentit pénétré d'une émotion comme amais il n'en avait éprouvé de pa-

reille. La campagne de Rome, vaste et
calme, s'étendait jusqu'aux montagnes
azurées couvertes de neige, qui paraissaient comme peintes dans le firmament ;
ce n'étaient de toutes parts que couleurs
harmonieusement fondues, sérénité, beauté,
vague rêverie ; tout apparaissait comme
un beau songe !

Oui, le monde là-bas n'était qu'un songe,
et le songe dure quelques heures, et il
peut revenir pour durer quelques heures
encore ; mais l'existence du cloître est une
vie aux années longues et nombreuses.

De l'homme intérieur surgissent bien
des pensées, bien des désirs impurs ; il l'éprouva par lui-même. De quelles flammes
ne fut-il pas dévoré maintes fois ! La source
du mal ne cessait de sourdre malgré lui en
son sein. Il châtiait son corps, mais le mal
jaillissait du dedans. Une partie de l'esprit
se tordait en lui comme le serpent se tord
sur lui-même, rampait dans sa conscience
sous le voile de l'amour universel, et il se
consolait en disant : les saints prient pour
nous, la Mère de Dieu prie pour nous, Jésus lui-même a donné son sang en sacrifice
pour nous. Que l'élan d'un cœur naïf ou
qu'un fol enthousiasme de jeunesse l'eût
plongé ainsi dans la grâce, n'importe, il se
sentait relevé par elle et supérieur à un
grand nombre, car il avait repoussé les vanités du monde et il était un fils de l'Église.

Un jour, après bien des années, Angelo
le rencontra et le reconnut.

« Homme ! s'écria Angelo ; — oui, c'est

toi ! Es-tu heureux à présent ? — Tu as péché contre Dieu en rejetant loin de toi le don qu'il t'avait fait en sa grâce, tu as méconnu ta mission en ce monde. Lis la parabole des sommes d'argent prêtées ! Le Maître qui la raconta a dit la vérité. Qu'as-tu gagné, qu'as-tu trouvé ? Est-ce que tu ne vis pas en rêve ? Est-ce que tu ne t'accommodes pas une religion à ta tête ainsi qu'ils font tous ? Si tout cela pourtant n'était qu'un rêve, qu'une fantaisie, que de belles chimères ! »

« Retire-toi de moi, Satan ! » dit le moine ; et il s'éloigna d'Angelo.

Il est un diable, un diable visible, et je viens de le voir ! dit le moine en lui-même. Je lui abandonnai jadis un doigt et il a pris ma main entière ! — Non, soupira-t-il, c'est en moi qu'est le démon, et le démon habite en chaque homme ; toutefois sa présence ne les courbe pas tous, ils vont le front levé et jouissent de leur bien-être ; — et moi, je cherche mon bien-être dans la religion ! — Mais peut-elle bien consoler ? Si tout en elle comme dans le monde que j'ai quitté n'était que belles apparences, qu'illusion, comme la beauté des nuages empourprés le soir, comme l'azur dont se teignent de loin les montagnes, qui vues de près sont différentes ! Eternité, tu es comme l'Océan, immense, infini, mystérieux ; tu nous attires, tu nous appelles, tu nous remplis de pressentiments, d'aspirations, et nous montons vers toi, puis nous retombons, nous dispa-

raissons, nous mourons, nous cessons d'ê-
tre ! Illusion, chimère ! — Partez ! sortez !

Et sans verser de larmes, le front incli-
né sur sa dure couche, il s'agenouilla ; —
devant qui ? devant la croix de pierre qui
était à la muraille ? Non, ce n'était que
l'habitude qui faisait prendre au corps cette
posture suppliante.

Plus il se sondait et plus il découvrait
de ténèbres en lui : Rien au dedans, rien
au dehors ! J'ai manqué ma vie ! Et cette
pensée, comme une avalanche, roula,
grossit, l'écrasa, l'anéantit.

Je ne puis me confier à personne, à personne, je ne puis parler de ce ver ron-
geur qui est là en moi ; mon secret doit rester mon prisonnier, si je le laisse sortir,
je deviendrai le sien.

Et la force divine qui résidait en lui se
débattit dans les tortures.

« O Seigneur, mon maître, cria-t-il dans
son désespoir, sois miséricordieux et me
donne la foi ! — J'ai rejeté tes présents
loin de moi, j'ai laissé inaccomplie ma
mission dans le monde. Il m'a manqué
l'énergie, tu ne me l'as pas donnée. L'immortelle, la Psyché doit rester ensevelie
dans ma poitrine ; — partez ! sortez ! —
Comme cette autre Psyché de marbre,
l'auréole de ma vie ! — qu'elle ne sorte jamais de son tombeau ! »

L'étoile scintillait au firmament nuancé
de rose, l'étoile qui s'éteindra et dispa-
raîtra certainement, tandis que l'âme vi-
vra et brillera; ses rayons tremblants tom-

bèrent sur la muraille blanche et nue, mais
ils n'y tracèrent aucun des caractères qui
disent la majesté de Dieu, la grâce, la
charité universelle, mots qui ne vibrent
que dans la poitrine des croyants.

« La Psyché ne doit jamais mourir au
dedans de moi ! — La vie est-elle dans le
Moi ? L'incompréhensible , l'immatériel
peut-il exister ? — Oui ! oui ! mon Moi est
incompréhensible, immatériel. Tu es in-
définissable, immatériel, toi, ô Seigneur !
Ton univers est incompréhensible ; c'est
un chef-d'œuvre de puissance , de beauté,
d'amour ! »

Ses yeux étincelèrent, ses yeux cessèrent de voir. Le son des cloches fut le
dernier bruit qui lui parvint, il trépassa ;
et on le descendit dans la terre, une terre
apportée de Jérusalem, mêlée à la cendre
des morts pieux.

Après bien du temps, on déterra le sque-
lette avec ceux des moines trépassés avant
lui ; on le revêtit d'un froc brun, on lui
mit un chapelet dans la main et on le plaça
à la file d'autres squelettes, comme on les
a vus plus tard dans la crypte du cloître.
Et au dehors, le soleil luisait, les encen-
soirs fumaient et l'on disait des Messes.

Des années se passèrent.

Les squelettes s'écroulèrent les uns sur
les autres ; les crânes furent recueillis et
on en fit toute une muraille extérieure
de l'église. Son crâne, à lui aussi, fut
exposé là aux ardeurs du soleil ; bien des
morts y étaient et nul ne savait alors leurs

noms, et non plus le sien. Et voici, à la
clarté du soleil, que quelque chose d'animé
remua dans les deux orbites ; que pouvait-
ce être ? Un lézard aux vives couleurs sau-
tillait dans les cavités du crâne, il entrait,
sortait et se glissait, repassait par les deux
grands trous vides. Le lézard était alors la
vie de cette tête, dans laquelle jadis des
pensées élevées, des rêves brillants, l'a-
mour de l'art et du beau avaient vécu, de
cette tête d'où des larmes brûlantes avaient
coulé et où avait germé l'espérance de l'im-
mortalité. Le lézard un jour sortit de cette
retraite et disparut ; le crâne à son tour se
brisa et mêla sa poussière à la poussière.

C'était un siècle plus tard. L'étoile brillante scintillait toujours de même, claire
et grande comme des milliers d'années auparavant ; le ciel se nuançait de carmin, il
était vif comme des roses, pourpre comme
du sang,

Là où jadis il y avait une rue étroite
avec les restes d'un temple, s'élevait alors
un couvent de nonnes ; dans le jardin du
couvent, on creusait une tombe ; une jeune
nonne était trépassée et devait être mise
en terre ce matin-là même. La bêche du
fossoyeur heurta une pierre ; la pierre
étincelait de blancheur, le marbre blanc
apparut au jour ; on vit une épaule s'ar-
rondir, puis elle se laissa voir tout entière ;
la bêche fut conduite avec précaution ; une
tête de femme se montra, — puis des ailes
de papillon. Et par cette matinée de rose,
par cette matinée flamboyante, de la fosse

où devait être enterrée la jeune nonne, on retira ainsi une image sublime de Psyché, sculptée dans un marbre de la plus éclatante blancheur.

« Qu'elle est belle ! quelle perfection ; c'est un chef-d'œuvre du meilleur temps !» disait-on. De quel maître peut-elle être ? Nul ne le savait, nul ne le pouvait dire, sinon la sereine étoile qui scintillait depuis des milliers d'années. Elle savait l'histoire de sa vie terrestre, de ses épreuves, de ses faiblesses, elle savait que ce n'avait été qu'un homme ! Mais cet homme était mort, disparu, comme disparaît la poussière, mais le fruit de ses meilleurs efforts, le chef-d'œuvre qui révélait en lui sa nature divine, la Psyché qui ne meurt jamais, qui brille dans la postérité, l'éclat de cette Psyché ici, sur la terre, demeura intact, elle fut vue, connue, admirée, portée en triomphe.

La sereine étoile du matin au firmament nuancé de rose dardait ses rayons sur la Psyché, sur les lèvres souriantes, sur les yeux de ses admirateurs, qui voyaient l'âme même sculptée dans un bloc de marbre.

Ce qui est terrestre passe, est oublié, et l'étoile dans l'immensité le sait bien ; ce qui est céleste brille même après le trépas, et quand la gloire s'éteint dans la postérité, —la Psyché, elle, existe encore.

LE FILS DU PORTIER

Le général habite le premier, l'étage d'honneur ; le portier habite le sous-sol ; une grande distance sépare les deux familles comme hiérarchie sociale et comme habitation ; mais toutes deux s'abritent sous le même toit et jouissent de la même vue sur la cour et sur la rue. Dans la cour il y avait une pelouse avec un acacia en fleur — quand il fleurissait — sous l'ombrage duquel venait quelquefois s'asseoir la nourrice bien parée de la petite Emilie, l'enfant mieux parée encore du général. Devant elle dansait pieds nus le petit garçon du portier, aux yeux bruns et à la chevelure noire, et l'enfant lui tendait en souriant ses petites mains, si bien que quand le général se mettait à la fenêtre, il était tout ravi et disait : « Charmant ! » Quant à la générale, qui était si jeune qu'elle eût pu très bien passer pour être une fille issue d'un premier mariage de son époux, elle ne regardait jamais à la fenêtre sur la cour, mais elle avait donné ses ordres pour que le petit garçon ne touchât jamais à sa fille, devant laquelle pourtant elle souffrait qu'il dansât. la nourrice exécutait ponctuellement les ordres de madame.

Quand le soleil brillait, il prodiguait sa lumière aux habitants du premier étage comme à ceux du sous-sol ; l'acacia se revêtait de fleurs, puis elles tombaient pour repousser encore l'année suivante. De même que l'arbre, fleurissait aussi le jeune garçon et il ressemblait à une fraîche tulipe.

La petite fille du général était mignonne et d'un rose pâle comme les tendres fleurs de l'acacia. Elle ne venait plus que rarement sous l'arbre ; elle allait prendre l'air en voiture ; elle sortait avec sa maman, mais elle continuait de sourire au petit Georges et de lui envoyer des baisers avec sa main, jusqu'à ce qu'enfin sa mère lui dît qu'elle était trop grande pour se permettre cela davantage.

Un après-midi, le petit Georges fut chargé de porter au général les lettres et les gazettes qui avaient été remises le matin à la loge. Comme il s'apprêtait à monter l'escalier, il entendit en passant devant la porte du trou au sable comme un piaulement d'oiseau ; il pensa que c'était un poulet qui s'était égaré là et se lamentait ; mais voilà que c'était la petite fille du général en robe de crêpe garnie de dentelles.

« Ne dis rien à papa et à maman, sans cela ils se fâcheront.

—Qu'y a-t-il donc, ma petite demoiselle ? demanda Georges.

« Tout brûle là-haut, dit-elle, tout est en feu ! »

Georges franchit rapidement l'escalier et fut en un clin-d'œil dans l'appartement du général ; il ouvrit la porte de la chambre d'enfant ; le rideau de la fenêtre était presque entièrement consumé, la tringle de bois était embrasée. Georges sauta sur une chaise, arracha les objets en feu et se mit à appeler au secours : sans lui, toute le maison était incendiée.

Le général et sa femme questionnèrent la petite Emilie.

« J'ai touché seulement à une allumette, dit-elle, elle a pris tout à coup et le rideau a brûlé aussitôt. J'ai craché pour l'éteindre, j'ai craché tant que j'ai pu, mais je n'avais pas assez de salive, alors je me suis sauvée et je me suis cachée, parce que papa et maman m'auraient grondée. »

« Cracher ! dit la générale, que signifie ce mot-là ? As-tu jamais entendu papa et maman s'en servir ? C'est en bas que tu dois avoir appris ce terme ! »

Georges eût un *groschen* pour sa peine, toutefois il ne le dépensa pas chez le pâtissier, il le mit dans une tirelire, où bientôt d'autres *groschen* le suivirent, si bien qu'il put un jour s'acheter une boîte à couleurs pour colorier ses dessins dont il avait une grande collection. Il les faisait avec une extrême facilité, ils semblaient s'élancer de ses doigts comme des fusées. Il fit présent de ses premières œuvres à la petite Emilie.

« Charmant ! » dit le général. La générale elle-même voulut bien convenir qu'on

voyait clairement ce que le jeune dessinateur avait voulu représenter. — « Il a du
génie ! » Telles furent les paroles que la
femme du portier rapporta dans la loge.

Le général et madame la générale
étaient des personnages de condition. Ils
avaient de doubles armoiries peintes sur
leur carrosse ; chacun avait les siennes.
Madame portait son blason brodé sur
chaque pièce de son linge, sur ses bonnets
du matin en dehors et en dedans, et même
sur son sac de voyage. C'était un blason
précieux : son père l'avait acheté au prix
de beaux thalers ; il ne l'avait point de
naissance, et elle non plus ; elle était venue au monde trop tôt, elle était née sept
ans avant ledit blason. La plupart du
monde s'en souvenait bien, mais la famille
point du tout. Le blason du général était
antique et fameux ; il résonnait haut à lui
tout seul, à bien plus forte raison étant
accouplé à un autre, et la générale s'en
targuait admirablement quand elle se rendait avec une roideur majestueuse au bal
de la cour.

Le général était âgé et sa chevelure était
blanche ; mais il se tenait bien à cheval ; il
ne l'ignorait point ; aussi chaque jour, avec
son domestique derrière lui, faisait-il une
bonne tournée. Quand il allait en société,
il semblait encore cavalcader sur sa haute
monture, et il portait tant de décorations
que c'était un fouillis à n'y rien compren-
dre ; mais ce n'était pas de sa faute. Quand
il débuta tout jeune homme dans la car-

rière militaire, il avait pris part aux petites guerres d'automne auxquelles s'exer-
çaient les troupes par le temps de paix qui
régnait alors. Il racontait de cette époque
mémorable de sa vie une anecdote, une
seule, la seule qu'il pût raconter : un de ses
sous-officiers avait coupé un des princes,
l'avait fait prisonnier, et celui-ci avait dû
traverser la ville en captif derrière le général, avec la poignée de soldats qui
avaient été faits prisonniers avec lui. C'était
là un souvenir inoubliable que d'année en
année le général se plaisait à répéter avec
les mêmes exactes paroles mémorables
qu'il avait prononcées. Lorsqu'il remit au
prince son épée : « Il n'y a qu'un sous-offi-
cier pour se permettre de faire votre al-
tesse prisonnière, pour moi, je ne l'eusse
osé jamais ! » Et le prince là-dessus :
« Vous n'avez pas votre pareil ! » Quant à
une vraie bataille, il n'y assista jamais.
Lorsque la guerre traversa le pays, il traversait, lui, comme ambassadeur, trois
cours étrangères. Il parla si bien le français
qu'il oublia presque sa propre langue. Il
dansait à merveille, allait aussi bien à
cheval, et les décorations poussèrent sur
son habit d'une façon incroyable. Les gar-
des présentaient les armes devant lui ;
mais il arriva qu'une des plus belles jeunes
demoiselles lui présenta aussi les armes et
devint madame la générale ; et ils eurent
le bonheur d'avoir une charmante petite
fille qui sembla leur tomber du ciel, tellement elle était adorable. C'était devant elle

que dansait nu-pieds dans la cour le fils du portier ; c'était à elle qu'il dédiait tous ses dessins coloriés, que la petite Emilie regardait avec plaisir, puis finissait par déchirer en deux. Oh ! c'était une charmante mignonne petite personne.

« Ma petite feuille de rose, disait la générale, tu es venue au monde pour être princesse ! »

Le prince était déjà derrière la porte, mais on n'en savait rien : est-ce que l'on voit jamais au-delà du seuil ?

« Avant-hier, notre garçon partageait sa tartine avec elle, disait la portière ; il n'y avait dessus ni beurre ni fromage, ni bonne chère, et pourtant, ça lui a semblé aussi bon que si c'eût été du rôti. Oh ! ça aurait fait une scène si on avait vu cette dînette-là de chez le général, mais ils n'en ont rien vu. »

Georges avait partagé sa tartine avec la petite Emilie ; il aurait volontiers partagé son cœur avec elle, si ça lui eût fait plaisir. C'était un bon garçon, alerte, avisé, et il allait maintenant à l'école du soir, à l'académie, pour apprendre à bien dessiner. La petite Emilie de son côté acquérait aussi des connaissances, elle parlait français avec sa bonne et avait un maître à danser.

« Georges communiera à Pâques ! » dit la femme du portier. Georges en était déjà là.

« Le plus raisonnable pour lui maintenant serait qu'il entrât en apprentissage,
dit le père, je voudrais lui voir une pro-
fession gentille. Par exemple il lui faudrait
quitter la maison.

— Il coucherait toujours ici ! reprit la
mère, ce n'est pas aisé de trouver un pa-
tron qui ait de la place pour loger ses ap-
prentis la nuit. Nous aurions aussi à l'en-
tretenir d'effets. Le peu de nourriture qu'il
prend, nous pourrons bien la lui donner.
Il a sa suffisance avec une part de pommes
de terre cuites. Ce qu'on lui enseigne ne
coûte rien : laisse-le suivre sa vocation, et
tu verras qu'il nous donnera de la satisfaction ; c'est d'ailleurs ce que dit son professeur. »

Les habits de communiant étaient prêts
et c'était sa mère qui les avait cousus elle-
même, toutefois c'était le tailleur de vieux
qui les avait coupés, et il coupait bien. Oh!
s'il eût été dans une autre position et qu'il
eût pu avoir un atelier avec des employés,
il était homme, au dire de la portière, à
devenir tailleur de la cour.

Les habits donc étaient prêts et le jour
de la cérémonie vint ; Georges reçut à
cette occasion une grosse montre de tom-
bac, présent du plus fortuné de ses par-
rains, un vieil employé du magasin de fers.
La montre était ancienne et. éprouvée, elle
avançait toujours, mais c'est mieux que de
retarder. C'était un cadeau d'importance.
Chez le général on lui fit présent d'un livre
de psaumes couvert en maroquin ; c'était

la petite demoiselle à qui il faisait hom-
mage de ses dessins qui le lui donnait. En
tête du livre étaient inscrits son nom et le
nom d'Emilie, « sa bienveillante protec-
trice. » Cela avait été mis sous la dictée de
la mère, et le général, l'ayant lu, dit :
« Charmant. »

« Voilà vraiment une grande marque
d'attention de la part de maîtres aussi
considérables, » dit la femme du portier ;
et Georges, dans ses habits de cérémonie
et son livre de psaumes à la main, dut aller
se montrer à eux.

La générale était assise, la tête et le
corps bien enveloppés, car elle avait sa
migraine, qu'elle avait toujours quand l'en-
nui la prenait. Elle regarda Georges avec
beaucoup d'obligeance, lui souhaita toutes
sortes de bonnes choses et surtout de n'avoir
jamais de migraines. Le général, en robe
de chambre, avec un bonnet pourvu d'un
énorme gland et des bottes rouges à la
russe, fit trois tours de long en large dans
la chambre, plongé dans ses souvenirs et
dans ses propres réflexions, puis il s'arrêta
et dit :

« Le jeune Georges est donc désormais
chrétien ! qu'il soit aussi un brave garçon et
qu'il honore ses supérieurs ; cette sentence,
tu pourras, quand tu seras vieux, dire que
c'est le général qui te l'a apprise. »

C'était un discours plus étendu que le
général n'avait l'habitude d'en tenir. Il rentra dans sa taciturnité ordinaire et s'assit
d'une manière imposante.

Mais de tout ce que Georges entendit et vit là, ce qui lui demeura le plus net dans sa pensée, ce fut la petite Emilie : combien elle était bonne, douce, gracieuse, aérienne ! Si l'on avait voulu faire son portrait, c'eût été sur une bulle de savon. Quel parfum exhalaient ses vêtements, les boucles dorées de sa chevelure ! on eût dit une rose fraîchement épanouie. Et dire qu'il avait partagé sa tartine avec elle autrefois ; et elle l'avait, ma foi, mangée avec un énorme appétit et avait témoigné son contentement à chaque bouchée. Est-ce que par hasard elle se souvenait encore de cela ? Oui, certes ! le cadeau du beau livre en était un témoignage. Or, quand vint le premier anniversaire de cet événement, au jour de la nouvelle lune, il prit un morceau de pain, un groschen et son livre, puis quand il fut en plein air, il ouvrit ce dernier pour voir quel psaume s'offrirait à ses regards. C'était un psaume de louange et de reconnaissance. Il ouvrit une seconde fois le livre pour voir ce qui était réservé à la petite Emilie. Il prit bien garde pour ne pas tomber sur un chant de mort, et malgré cela il rencontra une hymne funèbre. Alors il pensa qu'il ne fallait pas s'arrêter à cela. Mais son effroi fut grand, quand, à quelque temps de là, la petite demoiselle tomba malade et que la voiture du médecin s'arrêta à la porte.

« Ils ne la conserveront pas ! disait la femme du portier ; le bon Dieu sait déjà ceux qu'il veut appeler à lui ! »

Ses parents, toutefois, la conservèrent ; et Georges fit des dessins et il les lui envoya. Il dessina le palais du czar, l'antique Kremlin de Moscou avec ses tours et ses dômes, et ceux-ci ressemblaient, du moins dans le dessin de Georges, à de gigantesques melons verts et dorés. Cela amusa fort la petite Emilie; aussi Georges lui envoya-t-il dans le courant de la semaine deux nouvelles images, rien que des constructions, parce qu'elle pouvait se représenter elle-même toute sorte de belles choses derrière les fenêtres et les portes.

Il dessina une habitation chinoise avec des clochettes aux seize étages ; il dessina deux temples grecs avec des colonnes de marbre élancées et des escaliers tout autour ; il fit une église norwégienne ; on voyait clairement qu'elle était construite tout entière en charpentes merveilleusement travaillées et emboîtées ; chaque étage paraissait se balancer en équilibre. La plus belle page contenait un château qu'il avait nommé le château d'Emilie. Elle devait l'habiter. C'était une création de Georges et il avait puisé dans tous les autres édifices ce qui lui avait semblé le plus beau. Il y avait mis des solives sculptées comme l'église norwégienne, des colonnes de marbre comme le temple grec, des clochettes à chaque étage, et il l'avait couronné d'un dôme vert doré comme le Kremlin des czars. C'était un vrai château d'enfant ! Sous chaque fenêtre il avait tracé à quel usage servait telle et telle pièce,

par exemple : « Ici pour le sommeil d'E-
milie, là pour la danse d'Emilie ; là encore
Emilie joue à recevoir des visites. » C'é-
tait un plaisir de voir ce beau château-là,
aussi fut-il bien examiné.

« Charmant! » dit le général.

Mais le vieux comte, car il y avait là un
vieux comte, qui était un personnage encore plus important que le général lui-
même, et qui possédait un château, le vieux
comte donc n'articula pas un seul mot. On
lui dit que cela avait été imaginé et dessiné par le petit garçon de la portière. —
Pas si petit garçon déjà, il avait été con-
firmé. Le vieux comte examina les dessins
et garda ses réflexions pour lui.

Un jour, le plus beau, le plus brillant,
et justement il faisait un temps gris, humide, insupportable, se leva pour le petit
Georges : le professeur de l'académie des
beaux-arts le demandait chez lui.

« Ecoute-moi, mon ami, dit le professeur,
j'ai à te parler. Le bon Dieu t'a favorisé
en t'accordant d'excellentes dispositions ;
il te favorise encore en te donnant pour
protecteurs des hommes bienveillants. Le
vieux comte qui habite là-bas au coin m'a
entretenu de toi ; j'ai vu aussi tes dessins,
nous n'en dirons rien de plus pour le moment, sinon qu'il y aurait bien des choses
à y reprendre ; mais dès maintenant tu
peux deux fois par semaine venir à ma
classe de dessin, et tu trouveras le secret
de faire mieux que tu n'as fait jusqu'à présent. Je crois qu'il y a en toi l'étoffe d'un

architecte plutôt que d'un peintre ; tu as tout le temps pour réfléchir à cela ; mais dès aujourd'hui je te conseille d'aller trouver le vieux comte du coin là-bas et de remercier Dieu qui te rend cet homme favorable. »

C'était une grande maison que celle où habitait le vieux comte. Aux fenêtres il y avait des éléphants et des dromadaires sculptés ; tout cela datait de loin ; mais le vieux comte préférait l'âge moderne et tout ce qu'il comportait, n'importe d'où cela venait, du premier étage, de la cave ou du grenier.

« C'est mon opinion, disait la femme du portier, plus les gens sont de condition supérieure et moins ils sont fiers. Ce vieux comte est poli et sans façon, il parle en vérité comme toi et moi. Ce n'est pas chez le général qu'on est comme cela ! Hier. Georges était comme un fou de l'accueil que lui a fait le vieux comte ; c'est mon tour aujourd'hui que j'ai parlé avec cet homme considérable. N'avons-nous pas bien fait de n'avoir pas mis Georges en apprentissage, car il a des dispositions ?

« Mais il faut qu'elles reçoivent une aide étrangère, dit le père.

« Cette aide est trouvée désormais, reprit la mère, les paroles du comte sont claires et nettes.

« Enfin tout cela est parti de chez le général et nous leur devons aussi de la reconnaissance.

« Je ne dis pas le contraire, mais je crois

2.

qu'il n'y a pas à leur rendre de grandes actions de grâces. C'est le bon Dieu aussi que je veux remercier pour cela et pour le rétablissement de la petite Emïlie. »

Le temps passa pour la petite Emilie, il passa aussi pour Georges ; d'abord il reçut en prix de l'Académie la petite médaille d'argent, puis après vint la grande.

« C'eût été pourtant mieux qu'il eût été en apprentissage ! » disait un jour la femme du portier en pleurant ; « alors nous l'aurions gardé avec nous. Que va-t-il faire à Rome ? Je n'aurai pas la joie de le revoir jamais, quand même il en reviendrait, mais il ne reviendra pas, le bon garçon !

« Mais c'est pour son bonheur, pour sa gloire, dit le père.

« Je t'entends bien, dit la mère, mais tu dis ce que tu ne penses pas ; tu es aussi affligé que moi ! »

Et c'était la vérité que le départ de Georges l'affligeait. Ce n'en est pas moins un grand bonheur pour le jeune homme, disait tout le monde.

Georges fit ses adieux ; il se rendit chez le général ; mais la générale ne se montra pas : elle avait sa grande migraine. Le général prit occasion de ce départ pour raconter son anecdote, ce qu'il avait dit au prince et ce que le prince lui avait répondu : « Vous n'avez pas votre pareil ! » Et, là-dessus, il tendit à George sa main, sa main flasque. Emilie lui tendit aussi la sienne, et elle paraissait presque triste; mais le plus triste, c'était Georges.

Le temps passe, qu'on fasse quelque chose ou qu'on ne fasse rien. Le temps a pour tous la même durée, mais il n'a pas pour tous la même utilité. Pour Georges, il mettait le temps à profit et il ne lui semblait pas long pourvu qu'il ne pensât pas à son pays. Comment se portait-on en haut et en bas ? On lui transmit des nouvelles ; or, on peut en mettre beaucoup dans une lettre, on peut y tracer des lignes brillantes comme la clarté du soleil et des lignes sombres comme la nuit. Telle était celle qui annonçait à Georges que son père était mort et que sa mère était seule désormais. Emilie avait été vraiment pour elle l'ange de la consolation ; elle était venue la trouver, marquait la pauvre femme, et elle ajoutait qu'on lui avait promis de lui maintenir son emploi.

La générale tenait un journal domestique où elle notait les sociétés, les bals où elle avait été, et chaque visite qu'elle avait

reçue ; il était illustré de cartes de diplo-
mates et de grands seigneurs ; oh! elle était
fière de son journal. Ce journal prit un grand
développement à la faveur des nombreuses
migraines et aussi grâce à bien des nuits
sans sommeil, c'est-à-dire passées aux bals
de la cour. Emilie venait d'assister pour la
première fois à un bal semblable. Sa mère
portait une toilette rose avec des dentelles
noires dans le goût espagnol ; sa fille avait
une robe blanche, légère, vaporeuse ; des
rubans verts flottaient comme des feuilles
de roseaux dans les boucles de sa chevelure blonde ; sur sa tête elle avait une couronne de lis d'eau. Ses yeux étaient d'un
bleu si clair, sa bouche si mignonne et si
rose, qu'elle était pareille à une ondine, à
la plus belle ondine qu'on pouvait imagi-
ner. Trois princes dansèrent avec elle,
c'est-à-dire l'un après l'autre. La générale
n'eut pas de migraine pendant huit jours.

Mais le premier bal ne fut pas le dernier,
et Emilie ne pouvait résister à tant de fati-
gue ; il était temps que l'été vînt lui apporter le repos et ses généreuses haleines. La
famille fut invitée par le vieux comte à
venir en son château. Ce château avait un
jardin vraiment digne d'être visité. Une
partie était, comme au temps jadis, plantée
de haies vives ; on marchait là comme entre des murailles vertes percées de jours.
Le buis et l'if figuraient des étoiles et des
pyramides, l'eau sortait de grottes couvertes de coquillages ; autour du jardin se
dressaient des statues de pierre de la plus

belle apparence ; les parterres de fleurs présentaient la configuration, là d'un poisson, ici d'un bouclier, là d'un chiffre quelconque : c'était la partie française du jardin. De là on passait dans un bois plein de fraîcheur où les arbres avaient la permission de croître comme ils voulaient, et où par conséquent ils étaient gros et bien portants. Le gazon était d'un beau vert et disposé en pelouses; il était lisse, bien rasé, bien soigné : c'était la portion anglaise du jardin.

« L'ancien et le moderne, disait le vieux comte, marchent ici de front. Dans deux ans les bâtiments auront un aspect régulier; ce sera une métamorphose complète en bien, en très bien ; je vous montrerai les plans et l'architecte lui-même : il sera ici à midi.

« Charmant ! dit le général.

« C'est un paradis que ce séjour ! dit la générale, et vous avez là une tour féodale !

« C'est mon poulailler ! reprit le comte ; les pigeons habitent le sommet de la tour, les dindons sont au premier étage ; quant au rez-de-chaussée, il sert de résidence à la vieille Elisabeth. Elle a des logements de tous les côtés : voici celui des pondeuses, celui des poulets ; les canards ont le leur avec une sortie spéciale donnant sur la mare.

« Charmant ! répéta le général. »

Et la société se mit en marche pour examiner de près ces magnificences.

La vieille Else était dans une pièce du
rez-de-chaussée, et près d'elle se trouvait
l'architecte Georges. A un intervalle de plusieurs années, Émilie et Georges se re-
voyaient, et leur rencontre avait lieu dans
un poulailler.

Oui, c'était bien lui, et il était assez bien
de sa personne pour qu'on prît garde à lui;
il avait un visage ouvert et plein d'énergie, sa chevelure était noire et brillante,
et autour de sa bouche se jouait un sourire
qui semblait dire : il y a entre ces deux
oreilles-là un rusé gaillard qui vous connaît bien et vous sait par cœur. La vieille
Else avait retiré ses sabots et restait nu-
pieds par respect pour les visiteurs. Les
poules gloussaient, le coq faisait coque-
rico, les canards en se balançant criaient :
« rab ! rab ! » Quant à la délicate demoiselle, l'amie d'enfance de Georges, la fille
du général, un léger incarnat colorait ses
joues ordinairement pâles; ses yeux étaient
tout grand ouverts, et ses lèvres semblaient
parler, bien qu'aucun son ne s'en échappât,
et le salut que Georges en reçut fut le plus
beau salut que jamais jeune homme puisse
souhaiter de recevoir d'une jeune belle,
quand il n'existe entre eux aucun lien de parenté ou qu'ils n'ont pas dansé souvent ensemble ; or, le jeune architecte et la belle
Emilie n'avaient jamais dansé ensemble.

Le comte pressa la main du jeune homme
et dit en le présentant à ses hôtes : « Ce
n'est pas absolument un étranger que notre jeune ami Georges ! »

La générale s'inclina, sa fille fut sur le point de lui tendre la main, mais elle n'en fit rien pourtant.

« Notre petit monsieur Georges ! dit le général, un vieil ami de la maison, charmant !

« Vous êtes donc un parfait Italien ! dit la générale, et vous parlez la langue comme si vous étiez originaire de l'Italie ?

« La générale chante l'italien, mais ne le parle pas, dit le général. »

Au dîner, Georges eut place à la droite d'Emilie ; c'était le général qui l'avait conduite à table, et la générale y avait été amenée par le comte.

Georges parla, raconta et s'en tira à merveille ; il fut l'orateur et l'âme du repas, bien que le vieux comte eût pu rivaliser avec lui. Emilie resta silencieuse, mais elle ne perdait pas un mot et ses yeux étaient brillants comme des étoiles ; mais elle ne dit rien.

Dans la varandah, Georges et Emilie se tenaient au milieu des fleurs, des rosiers les cachaient. Georges avait là encore la parole comme à table.

« Recevez, disait-il, l'expression de ma gratitude pour la manière amicale dont vous avez traité ma vieille mère ! Je le sais, vous êtes allée la trouver la nuit où mon père mourut et vous êtes demeurée près d'elle jusqu'à ce qu'il eût rendu le dernier soupir : je vous en garde au fond du cœur une éternelle reconnaissance ! » Et il saisit la main d'Emilie où il posa ses lè-

vres. Vu la circonstance, ce n'était pas
une témérité ; elle rougit extrêmement,
mais sa main pressa la main de Georges,
qu'elle regarda de ses yeux bleus pleins de
bienveillance.

« Quelle âme tendre que celle de votre
mère ! Quelle n'est pas sa tendresse pour
son fils ! Toutes vos lettres, elle me les faisait
lire, je crois presque que je les sais par
cœur ! Combien vous avez été bon pour
moi quand j'étais petite fille, vous me don-
niez des dessins !...

« Que vous déchiriez ! reprit Georges.

« Non pas, j'ai encore mon château, le
plan de mon château.

« Aujourd'hui je dois le construire réellement ! » dit Georges, et, surpris lui-même
de sa hardiesse, il devint tout rouge à ces
mots.

Le général et la générale s'entretinrent
entre eux du fils de la portière, de sa bonne
tenue et des grandes connaissances que sa
conversation révélait. « Il pourrait être
inspecteur ! dit le général.

« Diable ! » dit la générale, en se bor-
nant là.

———

Durant la belle saison d'été, Georges se
rendit plus d'une fois au château du comte.
On regrettait son absence quand il ne venait pas.

« Quels dons privilégiés vous a faits le

bon Dieu! lui disait Emilie; vous lui en êtes reconnaissant aussi, n'est-ce pas? »

Georges fut si heureux et flatté que la jeune belle levât les yeux vers lui qu'il lui trouva des qualités extraordinaires.

Le général, lui, sentait de plus en plus s'enraciner en lui la conviction qu'il était impossible que M. Georges fût un enfant de portier; « et pourtant, disait-il, sa mère est une digne et excellente femme ! Je suis obligé de le reconnaître, et je le lui dirais même à son lit de mort. »

———

L'été fit place à l'hiver ; on parla encore de M. Georges ; il était bien vu et accueilli dans les sociétés les plus distinguées ; le général le rencontra même à un bal de la cour. Chez lui aussi, un bal devait avoir lieu à cause d'Emilie. Pouvait-on y inviter M. Georges ? « Mais si le roi l'invite, le général le peut aussi! » et, en prononçant ces paroles, le général se haussa d'un pouce au-dessus du plancher.

M. Georges donc fut convié au bal et il y vint ; des princes, des comtes y vinrent de même, et c'était à qui danserait le mieux. Mais la pauvre Emilie ne put danser qu'une fois ; elle fit un faux pas qui, pour n'avoir rien de dangereux, lui causait pourtant une vive douleur au pied, et c'est pourquoi elle dut rester spectatrice de la danse sans pouvoir y prendre part.

Elle s'assit donc et regarda, mais le jeune architecte se tint à côté d'elle.

« Allons ! donnez-lui l'église Saint-Pierre de Rome tout entière ! » dit le général en passant près d'eux, et il se mit à rire comme s'il eût été la bienveillance en personne.

Ce fut avec la même affabilité qu'il accueillit M. Georges à quelques jours de là. Le jeune homme venait simplement remercier de l'invitation, — et quoi encore ? Eh bien, il fit entendre des paroles surprenantes, étranges, insensées, et le général put à peine en croire ses oreilles. C'était un discours pyramidal, une proposition inouïe : M. Georges demandait la main d'Emilie.

« Monsieur ! Homme ! dit le général, dont la tête bouillonnait ; je ne vous comprends pas du tout ! Que dites-vous ? Que voulez-vous ? Je ne vous connais pas ! Monsieur ! Homme ! Quelle idée vous prend d'envahir ma maison ! Dois-je rester, dois-je m'en aller ?... » Et il se retira à reculons dans sa chambre à coucher, ferma la porte à clef et laissa M. Georges seul. Celui-ci demeura quelques minutes, à près quoi il tourna les talons et quitta la chambre. Emilie était dans le corridor.

« Mon père vous a-t-il répondu ?... » demanda-t-elle, et sa voix était toute tremblante.

Georges lui serrant la main : « Il m'a échappé ! dit-il, — mais un temps meilleur viendra ! »

Les yeux d'Emilie étaient pleins de larmes; on lisait l'assurance et le courage dans ceux du jeune homme ; et le soleil, en pénétrant par la fenêtre, les enveloppa tous deux dans ses rayons et les bénit.

Le général, tout en ébullition, était assis dans sa chambre ; oui, il bouillait encore ; il s'emportait en exclamations, en apostrophes, telles que « l'insensé ! démence de portier ! »

Une heure ne s'était pas écoulée que la générale apprenait l'aventure de la bouche de son mari, et aussitôt elle appela Emilie ; alors seule avec elle : « Pauvre enfant ! t'offenser de la sorte ! nous offenser ainsi ! Je vois des larmes dans tes yeux, elles te siéent bien ! Tu es plus belle encore avec ces pleurs ! Tu es comme j'étais le jour de mon mariage. Pleure encore, ma douce Emilie !

« Oui, il me faut pleurer, puisque toi et papa ne voulez pas consentir !

« Enfant ! s'écria la générale, tu es malade ! tu extravagues, et moi, je sens une affreuse douleur de tête ! Tous les malheurs fondent sur notre maison ! Ne fais pas mourir ta mère, Emilie ! si tu persistes, tu n'auras plus de mère ! »

Et les yeux de la générale étaient humides, elle ne pouvait supporter la pensée de sa propre mort.

On put lire dans la *Gazette* : **M.** Georges est nommé professeur, cinquième classe, numéro huit.

« C'est bien dommage que ses parents ne soient plus de ce monde pour lire cela! dirent les nouveaux portiers qui habitaient au-dessous de l'appartement du général. Ils savaient que le professeur Georges était né et avait grandi entre les quatre murs qui les abritaient.

« Le voilà au rang des fonctionnaires! dit le mari.

« Oui, c'est beaucoup pour un jeune homme de sa condition, reprit la femme.

« Dix-huit thalers par an! dit le portier, c'est beaucoup d'argent!

« Non! c'est à la position que je pense, interrompit la femme : crois-tu qu'il s'inquiète beaucoup de l'argent? Il peut gagner cent fois autant et épouser une femme riche par-dessus le marché! Si nous avions des enfants, mon homme, il faudrait que notre garçon fût architecte et professeur! »

On disait du bien de Georges dans la loge des portiers; on en disait de même à l'étage supérieur. C'était le vieux comte qui se le permettait et c'étaient les dessins que Georges avait faits dans son enfance qui en étaient l'occasion.

Cependant comment se fit-il que l'entretien tomba sur ces dessins? On parlait de la Russie, de Moscou, et l'on en était sur le Kremlin, que le petit Georges avait autrefois dessiné pour mademoiselle Emilie. Parmi les œuvres nombreuses du jeune dessinateur, une surtout était restée dans le souvenir du comte : c'était le château d'Emilie, avec ses indications, là où elle dort, là où elle danse, là où elle joue à recevoir ses amis. Le professeur était fort habile, rien d'impossible qu'il mourût un jour pourvu du titre de conseiller ; alors pourquoi n'aurait-il pas prématurément et dès maintenant élevé pour la jeune dame un château réel.

« Voilà une étrange plaisanterie que nous a faite là le comte, » observa la générale quand celui-ci fut parti. Le général secoua pensivement la tête, puis il sortit à cheval avec son domestique derrière pour sa promenade habituelle et il se tenait encore plus cambré que jamais sur sa haute monture.

Le jour de la fête d'Emilie arriva : fleurs, livres, lettres, cartes abondèrent ; sa mère l'embrassa sur la bouche, le général sur le front ; ils étaient de tendres parents et ils recevaient de nobles visiteurs, entre autres deux princes, et l'on parla des bals, du théâtre, des messages diplomatiques, du gouvernement du royaume et des autres États. On parla des artistes en général, de ceux qui honoraient le pays, et on en vint à parler du jeune architecte.

« Il bâtit pour devenir immortel ! c'est-à-dire il a l'appui d'une de nos premières familles !

« Une de nos premières familles ! répéta le général à sa femme, quand il se

trouva seul avec elle. Quelle est notre première famille ?

« Je sais qui l'on désignait, répondit la
générale, mais je ne veux pas me prono'n-
cer ; je n'y veux pas songer. C'est Dieu qui
mène les choses ! pourtant cela m'étonne-
rait bien !

« Je suis surpris de même, dit le général, je n'ai pas une idée dans la tête ! » et
il se plongea dans la méditation.

Une puissance énorme, une puissance
incalculable découle de la faveur et de la
grâce : faveur des cours, grâce de Dieu,
— et Georges avait les deux ; — mais nous
oublions la fête d'Emilie.

La chambre d'Emilie était embaumée
des fleurs dont ses amis et amies lui avaient
fait présent. Sur la table étaient étalés des
cadeaux magnifiques ; parmi eux ne se
trouvait pas le moindre témoignage de
souvenir de la part de Georges ; l'accès
d'ailleurs lui eût été interdit ; mais il n'é-
tait pas besoin qu'aucune marque de souvenir du jeune homme pénétrât jusqu'à
Emilie ; la maison entière était pleine de
lui. La fleur du souvenir ne croissait-elle
pas dans le trou au sable où Emilie s'était
réfugiée et se lamentait comme un jeune
poulet alors que ses rideaux étaient en
feu, quand Georges survint et fut le premier pompier présent à l'incendie. De sa
fenêtre elle voyait l'acacia qui la reportait
au temps de son enfance. Les fleurs et le
feuillage avaient disparu, mais l'arbre
était là, couvert de neige et ressemblant à

une énorme branche de corail. La lune grande et claire apparaissait derrière, immuable malgré ses changements incessants, elle rappelait ce jour où Georges partagea sa tartine avec la petite Emilie.

Elle tira d'une cachette les dessins de Georges, le château du czar et son propre château : elle les contempla, et les pensées lui arrivèrent en foule. Elle se souvint du jour où, à l'insu de son père et de sa mère, elle descendit chez la portière qui était sur le point de trépasser. Elle demeura près d'elle, tint la main de la pauvre femme dans la sienne et elle recueillit ses dernières paroles ! « Bénédiction ! —Georges ! » — La tendre mère songeait à son enfant. Emilie pénétrait aujourd'hui le sens de ces mots suprêmes. Oh ! Georges était bien véritablement présent à la fête d'Emilie.

Le lendemain était justement un autre jour de fête dans la maison ; c'était celle du général. Il était né le lendemain du jour où sa fille était venue au monde, mais avant elle, bien entendu, oh ! bien des années avant elle. Les présents affluèrent et parmi eux une selle d'un travail exquis, aussi commode que précieuse, et telle qu'un prince seul pouvait en avoir.

De qui venait cette selle ? Une autre beaucoup plus petite se trouvait avec elle. Si cet envoi eût été accompagné de ces mots ou de leur équivalent : « Grand merci pour la réception d'hier ! » nous eussions pu deviner de qui venait ce présent ; mais le billet joint à l'envoi portait : « De la part d'une personne inconnue de M. le général. »

« Quelle est la personne au monde que je ne connais pas ! dit le général. Je connais tout le monde ! Et ses pensées se portaient sur des gens de la haute société : là personne ne lui était inconnu. — Ah ! j'y suis ! c'est de ma femme ! s'écria-t-il enfin. Elle veut me faire chercher, m'intriguer, charmant ! »

Toutefois ce n'était pas elle qui l'intriguait, le temps en était passé.

Il y eut encore une autre fête, mais pas chez le général. C'était un bal costumé donné par l'un des princes, le masque était permis.

Le général s'y rendit en costume de Rubens, avec manteau espagnol, petite collerette, l'épée et de grands airs. La générale était madame Rubens ; elle portait une robe de velours noir montant jusqu'au cou, affreusement chaude, collerette tuyautée, grosse comme une pierre de moulin, le tout pour bien se conformer à une peinture hollandaise du temps que possédait le général et où les mains étaient admirables ; celles de la générale leur ressemblaient exactement.

Emilie, en Psyché, avait une robe de gaze garnie de dentelles. C'était un cygne

vaporeux qui semblait flotter dans l'air;
les ailes ne lui étaient pas nécessaires, elle
ne les portait que pour la ressemblance
avec la Psyché symbolique.

On avait prodigué pour ce bal les fleurs
et les lumières, les décorations somp-
tueuses et étincelantes, et il y avait tant à
voir qu'on ne remarqua pas du tout les
belles mains de madame Rubens.

Un domino avec une fleur d'acacia sur
son capuchon dansa avec Psyché.

« Quel est ce domino ? » demanda la générale.

« C'est Sa Majesté le Roi! répondit le
général, j'en suis convaincu, je l'ai reconnu à son serrement de main ! »

La générale se permit d'en douter.

Le général Rubens, qui ne doutait pas,
s'approcha du domino noir et lui traça le
mot roi dans la main. Le domino déclina
l'éminente qualité qu'on lui prêtait, mais
par des signes il répondit : « Souvenez-
vous de la devise des selles ! une personne
que vous ne connaissez pas, monsieur le
général. »

« Dans ce cas, je sais qui vous êtes, répliqua Rubens, — vous êtes celui qui m'a
envoyé les selles ! »

Le domino éleva sa main et disparut
dans la foule.

« Quel est le domino noir avec qui tu
viens de danser, Emilie ? » demanda la
générale à sa fille.

« Je ne lui ai pas demandé son nom ! »
répondit-elle.

3

« Par ce que tu le connais ! c'est le professeur ! » — « Votre protégé, monsieur le comte, est ici ! dit la générale en se tournant vers ce dernier qui se tenait près d'elle. C'est le domino à la fleur d'acacia ! »

« C'est fort possible, très excellente madame ! répondit le comte. Mais un des princes porte le même costume exactement. »

« J'ai reconnu son serrement de main ! dit le général. La selle me vient du prince ! Je suis si certain de mon fait que je veux le prier de venir dîner chez moi ! »

« Faites ; si c'est le prince, il acceptera, dit le comte. »

« Si ce n'est pas lui, il ne viendra pas, » dit le général en s'approchant du domino noir qui causait en ce moment avec le roi. Alors il lui adressa une respectueuse invitation et ajouta : « Afin que nous fassions connaissance ensemble. » Et là-dessus il se mit à sourire, tellement il était sûr de l'individualité de celui qu'il invitait. Il parlait haut d'ailleurs et de façon à être bien entendu.

Alors le domino souleva son masque : c'était Georges.

« Me renouvelez-vous votre invitation, monsieur le général ? » demanda-t-il.

Le général se haussa d'au moins un pouce, prit une attitude imposante, fit deux pas en arrière et un en avant, comme dans un menuet, et une expression sérieuse se peignit sur son visage délicat, autant du moins qu'elle pouvait s'y peindre ; toutefois il répondit :

« Je ne retire jamais ma parole, vous êtes invité, monsieur le professeur ! » et il s'inclina en dirigeant ses regards vers le roi qu'il supposait avoir entendu tout l'entretien.

Au dîner que donna le général, il n'y eut d'invités que le vieux comte et son protégé.

« Quand on a posé les pieds sous la table, pensait Georges, on a posé la pierre fondamentale. » Et elle fut posée en effet avec une grande solennité de la part du général et de la générale.

Celui que le général avait appelé l'homme avait donc été son convive ; il avait causé comme une personne du meilleur monde, et sa conversation avait été si intéressante que son hôte répéta souvent son « charmant ! » favori.

Il parla de ce dîner, et entre autres à une dame de la cour ; celle-ci, avec la malice qui la caractérisait, s'invita pour le prochain dîner auquel assisterait le professeur. Force fut donc de l'inviter de nouveau, ce qui eut lieu ; il vint de rechef et de rechef fut trouvé charmant : et voilà qu'il savait jouer aux échecs.

« Il ne semble en vérité pas sortir d'une loge de portier ! disait le général ; il est en tout comme un fils de famille. Il ne manque pas de jeunes gens de famille ; ce n'est pas sa faute, après tout, s'il n'est pas du nombre. »

M. le professeur était reçu chez le roi : il pouvait bien avoir accès dans la maison du général ; mais il n'était nullement reçu

comme y ayant pris racine, bien que toute
la ville en parlât comme tel.

Le professeur grandit. La rosée de la
fortune tomba sur lui d'en haut.

C'est pourquoi il n'y a pas lieu de s'éton-
ner le moins du monde s'il devint conseiller, et si par suite Emilie devint un jour
conseillère.

« La vie est une tragédie ou une comédie, disait le général ; dans la tragédie on
meurt, dans la comédie on se marie. »

Nos héros se marièrent, et ils eurent
trois charmants garçons, — mais pas tout
de suite.

Ces petits lutins couraient à travers l'appartement à califourchon sur des cannes à
tête de cheval, lorsqu'ils étaient chez bon
papa et bonne maman ; et bon papa enfour-
chait aussi une canne pour galopper devant
et derrière : il remplissait les fonctions de
jockey des petits conseillers.

La générale était étendue sur le sopha,
et souriait à ce spectacle, même quand elle
avait ses grandes migraines.

Georges monta, monta toujours plus
haut ; eh ! sans cela, ce n'eût pas été la
peine de raconter l'histoire du fils du portier.

LE SCHELLING D'ARGENT

Il était une fois un schelling qui sortait tout blanc de la Monnaie, il sautait et chantait : « Hurrah! maintenant je m'en vais courir le vaste monde! » et il courut en effet le vaste monde.

L'enfant le tint ferme dans ses petites mains chaudes, l'avare l'étreignit de ses doigts glacés et crispés, le vieillard le tourna et le retourna Dieu sait combien de fois, tandis que le jeune homme le fit rouler aussitôt loin de lui. Le schelling était d'argent, avait peu d'alliage et se trouvait déjà depuis tout une année dans le monde, c'est-à-dire dans le pays où il avait été frappé ; mais un jour il partit pour l'étranger : il se trouva être la dernière pièce de monnaie du pays natal dans la bourse de son possesseur en voyage ; celui-ci ne savait pas lui-même qu'il eût encore un schelling, enfin il lui tomba sous la main : « J'ai donc encore un schelling de mon pays! s'écria-t-il, il y retournera avec moi! » Et le schelling chanta et sauta de joie quand il le remit dans la bourse. Il demeura là avec les camarades étrangers qui entraient et sortaient; l'un remplaçait l'autre, mais le schelling du pays natal resta toujours dans la bourse : c'était un souvenir.

Plusieurs semaines s'écoulèrent et le schelling était au milieu du monde sans savoir toutefois où il se trouvait ; il apprit à la vérité d'autres pièces de monnaie qu'elles étaient françaises et italiennes ; l'une disait : nous sommes à présent en telle ville ; l'autre, nous sommes dans telle autre ville ; mais le schelling ne pouvait se représenter tout cela ; on ne voit rien du monde quand on est constamment dans un sac et c'était là précisément sa situation. Alors un jour, comme il était toujours renfermé, il remarqua que la bourse n'était pas close, et il se coula par l'ouverture pour voir un peu autour de lui. Il n'eût pas dû franchement en agir de la sorte, mais il était curieux et la curiosité l'a puni.

Il se glissa dans la poche du pantalon, et quand le soir on retira la bourse, le schelling demeura à la place où il s'était introduit et il fut emporté avec les habits dans le vestibule ; là il tomba aussitôt à terre : nul ne l'entendit, nul ne le vit.

Le lendemain on rapporta les effets dans la chambre, le maître s'habilla, partit plus loin, et le schelling resta à sa place jusqu'à ce qu'il fût ramassé. Bientôt il rendit de nouveaux services et sortit de sa nouvelle retraite avec trois autres pièces. « C'est pourtant agréable de voir le monde, pensait le schelling, et de pouvoir con-

naître de nouveaux hommes, de nouveaux
usages. »

« Quel est ce schelling-là ! entendit-il
dire au même moment. Ce n'est pas une
pièce du pays ! elle est fausse, elle ne vaut
rien ! »

Alors commence l'histoire du schelling
telle que lui-même nous l'a racontée plus
tard.

« Elle est fausse, ne vaut rien ! » Ces
paroles me pénétrèrent de part en part,
raconta le schelling. Je savais que j'étais
de bon argent, que j'avais bon son et une
empreinte authentique. Ces gens devaient
pour sûr se tromper, ils ne pouvaient parler de moi de la sorte, et c'était pourtant
bien de moi qu'il s'agissait. J'étais bien le
schelling qu'ils disaient faux, qui ne valait
rien. « Je le ferai passer dans l'obscurité, »
dit l'homme qui m'avait reçu ; et je fus livré en effet dans l'obscurité, puis en plein
jour je fus de nouveau injurié : « Faux, ne
vaut rien ! nous ferons en sorte de nous en
débarrasser. »

Et le schelling tremblait entre les doigts
des gens chaque fois qu'il était produit et
passé pour une monnaie du pays. « Pauvre
infortuné schelling ! que me sert mon titre,
mon poids, mon empreinte, si tout cela
est sans valeur. Aux yeux du monde on
n'est que ce que pour quoi le monde nous
tient ! Ce doit être horrible d'avoir mau-
vaise conscience, de suivre des voies tor-
tueuses, quand moi, qui suis pourtant bien
innocent, je puis me trouver si mal à l'aise

rien que pour l'apparence! » Chaque fois
qu'on me prenait, je frissonnais sous les
regards de ceux à qui on me livrait, et je
savais bien que je serais repoussé, lancé
sur la table comme un trompeur, un im-
posteur. J'arrivai, un jour, aux mains
d'une pauvre vieille femme qui me reçut
pour salaire d'une besogne bien rude; mais
il lui fut impossible de se défaire de moi.
Personne ne voulait me prendre, j'étais
pour la pauvre vieille une infortune véritable. « Je suis forcée de tromper le monde
avec ce schelling, dit-elle, je ne saurais
avec la meilleure volonté garder par de-
vers moi un schelling faux : je suis obligée
de le passer au riche boulanger, il est en
position de digérer cela, mais c'est toujours mal ce que je fais ! »

Me voilà donc réduit à charger la conscience d'une pauvre femme ! murmurait en
dedans de lui le schelling. Suis-je si chan-
gé sur mes vieux jours ?

Et la pauvre femme me présenta au
riche boulanger; mais il connaissait trop
bien les schellings ayant cours pour me
recevoir; il me jeta net à la tête de la
femme, qui n'eut pas de pain pour moi, et
je me sentis le cœur tout navré d'avoir été
monnayé avec une pareille effigie pour
faire le tourment des autres, moi qui dans
mon jeune temps m'étais senti si satisfait
et si sûr de ma valeur et de l'authenticité
de mon empreinte.

Je fus aussi profondément désolé que
peut l'être un pauvre schelling dont per-

sonne ne veut. La pauvre femme me remporta donc chez elle, me considéra avec un regard plein d'un tendre regret, et elle dit : « Non, je ne tromperai quiconque avec toi ! Je vais te percer afin que chacun voie que tu es une pièce fausse ; mais voilà que j'y pense, tu es peut-être un schelling qui porte bonheur, l'idée m'en vient si naturellement que je dois y croire ! Je vais te faire un trou, j'y passerai un cordon et je te mettrai au cou du petit de ma voisine pour lui porter chance. » Et elle me fit un trou ; ce n'est pas, pour dire le vrai, un agrément que d'être percé, mais quand c'est à de bonnes intentions on endure bien des choses ! On me passa un cordon et je devins une sorte de médaillon; on me suspendit au cou du jeune enfant, et l'enfant me sourit, me baisa, et je reposai toute une nuit sur sa petite poitrine chaude et innocente.

Quand il fut matin, la mère me prit entre ses doigts, me contempla et conçut alors une pensée dont je sentis bientôt l'effet : elle chercha des ciseaux et coupa mon cordon en deux.

« Un schelling de bonheur ! dit-elle ; eh bien ! nous allons l'éprouver ! » Elle me trempa dans du vinaigre qui me fit devenir tout vert ; puis elle boucha mon trou, me frotta un peu, et se rendit à la brune chez le préposé de la loterie pour acheter un numéro qui devait lui procurer une fortune.

Quel ne fut pas mon malaise ! Je me

3.

sentais des tiraillements comme si j'allais
me briser ; je savais que j'étais faux; que
je serais reconnu comme tel et repoussé,
et cela en présence d'une foule de schellings et de pièces qui pouvaient s'enor-
gueillir de leur marque et de leur figure ;
mais j'esquivai cet affront : il se trouvait
beaucoup de monde chez le collecteur, il
avait beaucoup à faire et je tombai en ré-
sonnant dans la caisse au milieu de beaucoup d'autres monnaies. Si je gagnai plus
tard le lot, c'est ce que j'ignore, mais ce
que je sais, c'est que dès le lendemain
je fus reconnu faux, placé de côté, et re-
mis en circulation pour tromper, toujours
tromper. C'est un tourment insupportable
quand on a un caractère réel et que je ne
pouvais me contester à moi-même en défi-
nitive.

Pendant plus d'un an, je passai ainsi de
main en main, de maison en maison, toujours invectivé, toujours mal vu; nul n'a-
vait confiance en moi, et je me pris moi-
même, et je pris le monde en défiance; oh !
ce fut là un temps bien dur ! Un jour, survint un voyageur, un étranger, à qui on
me donna tout naturellement, et il fut
assez loyal pour me prendre comme bon
argent; mais voilà qu'il me voulut passer
à son tour, et j'entendis de nouveau reten-
tir : « Il ne vaut rien, il est faux ! »

« Je l'avais reçu comme vaillant, dit
l'homme » ; et il me considéra minutieuse-
ment ; soudain tout son visage s'illumina
d'un sourire, ce qui ne m'arrivait plus de-

puis longtemps quand on me regardait :
« ah! qu'est-ce que cela signifie, dit-il, c'est
bien une de nos monnaies, un brave et
honnête schelling, égaré hors de sa patrie,
auquel on a fait un trou et qu'on dit faux !
C'est vraiment curieux ! Je t'emporterai
avec moi et nous retournerons ensemble
dans notre patrie ! »

La joie parcourut tout mon être ; on
m'avait appelé un bon et honnête schelling, et je devais rentrer dans ma patrie où tout le monde me reconnaîtrait et
saurait que j'étais en bon argent et que
mon empreinte était vraie ; de bonheur
j'aurais pu, je crois, lancer des étincelles,
mais il n'est pas en ma nature d'étinceler,
cela appartient à l'acier et non à l'argent.

Je fus enveloppé dans un fin papier
blanc pour n'être pas confondu et passé
avec les autres monnaies, et dans des cir-
constances solennelles, quand des gens de
mon pays se rencontraient, on m'exhibait
et on parlait très avantageusement de
moi; on disait que j'étais très intéressant :
c'est vraiment une chose remarquable que
de pouvoir intéresser sans prononcer une
seule parole.

Enfin, je revins dans ma patrie ! Toutes
mes tribulations, mes peines prirent fin, la
joie rentra en moi ; j'étais bien de bon argent, j'avais une empreinte véritable ! et je
n'avais plus à endurer de disgrâces, bien
qu'on m'eût percé comme une fausse pièce;
c'est là un léger inconvénient, pourvu

qu'on ne le soit pas effectivement. Il ne s'agit que d'attendre, tout reprend ses droits avec le temps, c'est bien là ma croyance, disait le schelling d'argent.

LE TRÉSOR D'OR

La femme du tambour se rendit à l'é-
glise; elle vit le nouvel autel orné de tableaux et d'anges sculptés. Les anges re-
présentés en peinture sur la toile avec une
auréole rivalisaient de beauté avec ceux
qui étaient en bois sculpté, et qui étaient
en outre peints et dorés. L'or et la clarté
du soleil donnaient à leur chevelure un
éclat admirable à voir ; mais le soleil de
Dieu était plus admirable encore : l'astre
en se couchant apparaissait plus ardent et
plus rouge derrière les arbres sombres.
Qu'il est beau de centempler Dieu en face !
Or, en contemplant le soleil empourpré,
elle s'enfonça dans sa méditation et elle
pensa au petit enfant que la cigogne devait lui apporter ; et la femme du tambour
fut toute réjouie, et regardant toujours,
elle forma le souhait que son enfant eût
l'éclat du soleil ou que du moins il res-
semblât à l'un des anges dorés de l'autel.
Et quand elle tint réellement son petit
enfant dans ses bras et le souleva vers son
père, il était aussi lumineux que les anges
de l'église, sa chevelure était comme de

l'or : le soleil couchant se reflétait dedans.

« Mon trésor d'or, ma richesse, mon astre lumineux! » disait la tendre mère, en baisant les boucles ardentes de son enfant ; et on eût dit qu'une musique et un chant éclataient dans la chambre du tambour. L'allégresse, la vie, l'enthousiasme, étaient là. Le tambour fit entendre un roulement, une aubade joyeuse. La caisse marchait, elle battait comme au feu. « Des cheveux rouges, l'enfant a les cheveux rouges ! Crois-en la peau du tambour et non ce qu'en dit ta mère ! Trommelom, trommelom! »

Et il n'était question dans la ville que de ce qu'avait dit la caisse du tambour d'alarme.

On mena l'enfant dans le temple et on le baptisa. Rien à dire quant au nom, on l'appela Peter. Toute la ville comme le tambour lui-même appelaient Peter l'enfant du batteur de caisse, l'enfant à la chevelure rouge ; mais sa mère baisait ses boucles rouges et l'appelait son trésor d'or.

Dans le chemin creux, dans la route argileuse qui descend, beaucoup avaient gravé là leur nom en souvenir.

« La renommée, disait le tambour, c'est toujours quelque chose ! » Et il grava de même son nom et celui de son fils.

Et les hirondelles arrivèrent, et dans leur long voyage elles avaient vu des caractères gravés d'une façon plus durable sur le granit et sur les murailles des pagodes indoues : c'étaient les actions de rois puissants, noms immortels, mais si anciens que nul ne pouvait plus les déchiffrer ni les prononcer.

C'était bien la peine de graver ces noms ! O vanité de la renommée !

Dans le chemin creux, les hirondelles bâtirent leurs nids, elles creusèrent des trous dans la pente escarpée ; les orages de pluie et de poussière ravinèrent l'argile et effacèrent les noms, sans épargner celui du tambour et celui de son fils.

« Le nom de Peter restera bien une année et demie ! » dit le père.

« Narr (1) ! » pensa le tambour de feu ; mais il se contenta de dire : « Dum (2) ! dum ! dummelum ! »

Or, c'était un garçon plein de vie et de bonne humeur que le fils du tambour à la chevelure rouge. Il avait une voix charmante ; il pouvait chanter ; aussi chanta-t-il comme les oiseaux dans la forêt. C'était mélodieux et ce n'était pourtant pas une mélodie.

« Il faut qu'il soit enfant de chœur, disait la mère, qu'il chante à l'église et soit parmi les beaux anges dorés auxquels il ressemble ! »

(1) Extravagant, fou. Il a paru mieux de laisser le mot du texte imitatif du bruit du tambour.
(2) Niais, simple. — Idem.

« Chat rouge ! » disaient les mauvaises langues de l'endroit. La caisse entendait les propos des commères du voisinage.

« Ne rentre pas chez toi, Peter, disaient les enfants des rues ; si tu couches au grenier, le feu prendra aux étages de la maison, et c'est alors que la caisse de ton père battra au feu. »

« Prenez garde seulement aux baguettes de tambour ! » disait Peter ; et tout petit qu'il était il courait à eux avec intrépidité, et de ses poings il frappa le plus rapproché de lui dans le ventre, si bien que le gamin perdit jambes, roula à terre, et que les autres s'enfuirent à toutes jambes, leurs propres jambes.

Le musicien de la ville était un personnage distingué et habile ; c'était le fils d'un argentier royal. Il prit Peter en affection, puis de bonne heure le fit venir dans sa maison, lui mit un violon entre les mains et lui montra à en jouer : c'était comme un don qui résidait dans les doigts du jeune garçon ; il voulait être plus qu'un batteur de caisse, il voulait devenir musicien de la ville.

« Je veux être soldat ! » disait Peter aussi ; or, il était encore un tout petit garçon, et de porter un fusil, de marcher en disant : une, deux, une, deux ! d'endosser l'uniforme et d'avoir un sabre, lui paraissait la plus magnifique chose du monde.

« Apprends seulement à battre de la caisse et à lui faire dire trommelom, komm, komm ! » disait le tambour.

« Oui, répondait Peter, si je pouvais
parvenir jusqu'à être général ; mais pour
cela il faut que la guerre ait lieu. »

« Dieu nous en préserve ! » exclamait la
mère.

« Nous n'avons rien à y perdre ! » disait
le père à son tour.

« N'avons-nous pas mon garçon ! » re-
prenait-elle.

« Mais s'il devient général ? » répliquait
le père.

« Sans bras ni jambes ! non, j'aime
mieux garder sain et sauf mon trésor
d'or. »

« Trom ! trom ! trom ! » Le tambour
d'alarme battait, tous les tambours batti-
rent. Il y avait la guerre. Les soldats se
mirent en marche, et le fils du tambour
avec eux. « Cher enfant, cher trésor
d'or ! » disait la mère en pleurs. Le père
en sa pensée le voyait « couvert de gloire ;»
le musicien de la ville était d'avis qu'il
n'allât pas à la guerre, mais qu'il devait
rester dans la musique de la ville.

« Tête rouge ! » disaient les soldats à
Peter, qui riait de l'apostrophe ; mais
d'autres l'appelaient. « Peau de renard ! »
Alors il se mordait les lèvres, puis son regard allait plongeant au loin dans les vas-
tes horizons du monde, et il ne s'inquiétait
plus de l'invective.

Le garçon était alerte, d'un caractère joyeux et avenant, et, c'est là le meilleur bidon de campagne, comme disaient ses vieux camarades.

Et il lui fallut rester mainte nuit exposé à la poussière et à la pluie, trempé jusqu'aux os sous le ciel ouvert, mais sa bonne humeur ne l'abandonna point, et ses baguettes faisaient entendre : Trommelom ! Tout le monde debout ! Oh ! on voyait bien qu'il était fils d'un tambour.

Le jour de la bataille arriva ; le soleil n'était pas encore levé, mais c'était pourtant bien le matin ; l'air était froid, le combat fut chaud ; il faisait du brouillard, mais il y eut plus encore de fumée de poudre. Les balles et les grenades volaient par-dessus les têtes, et dans les têtes aussi, frappaient les poitrines et les membres, mais on marchait en avant. Maint et maint soldats s'affaissèrent, les tempes ensanglantées, le visage blanc comme de la craie. Le fils du tambour avait toujours les bonnes couleurs de la vie ;.... il n'avait pas la moindre blessure ; il eut même le loisir d'apercevoir le chien du régiment qui sautait devant lui comme s'il était là pour divertir tout le monde, et et les balles ne lui semblaient rouler à terre devant lui que pour qu'il jouât avec.

« En avant ! marche ! en avant ! » Ce commandement s'adressait aux tambours ; et ces paroles-là ne signifiaient pas : « Reculez ! » mais on pouvait les rétracter, et c'est alors qu'il fallait faire preuve de beaucoup d'intelligence ; — et après on dit : « En arrière ! » alors le petit tambour battit : « En avant ! marche! » C'est comme ça qu'il avait compris le commandement, et les soldats obéirent à la peau de la caisse. Elle résonnait bien, et à ceux qui faiblissaient déjà elle communiqua l'élan de la victoire.

Dans la bataille beaucoup perdirent la vie, beaucoup leurs membres. Les grenades enlevaient des lambeaux de chair sanglants ; les grenades mettaient le feu à des meules de paille, où les blessés s'étaient traînés, pour demeurer là abandonnés pendant bien longtemps, abandonnés peut-être pour toujours.

Il ne sert de rien de penser à tout cela ! et pourtant on ne peut se défendre d'y penser ; même loin de la scène du carnage, même au cœur des cités tranquilles; aussi le tambour et sa femme y songeaient: Peter était à la guerre.

« Je suis lasse des gémissements ! » disait la caisse d'alarme.

La bataille recommença une autre fois ; le soleil n'était pas encore levé, mais c'était pourtant bien le matin. Le tambour et sa femme dormaient; ils avaient, avant de succomber au sommeil, beaucoup parlé de leur Peter. C'était ce qu'ils faisaient presque chaque nuit, car il était hors du toit paternel — « à la garde de Dieu. » Et le père vit en songe que la guerre était finie, les soldats de retour dans leurs foyers, et que Peter portait une croix d'argent sur la poitrine ; mais la mère rêva qu'elle entrait dans l'église et voyait les tableaux et les anges sculptés avec leur chevelure d'or ; et que son cher garçon, le trésor d'or de son cœur, se tenait paré d'habits blancs au milieu des anges et qu'il chantait si magnifiquement que les anges seuls pouvaient sûrement chanter de même ; puis, qu'il s'élevait avec eux dans la clarté du soleil en souriant avec une tendresse ineffable à sa mère.

« Mon trésor d'or ! s'écria-t-elle en s'éveillant en sursaut ; Notre-Seigneur Dieu l'a repris à lui ! » Elle joignit les mains, enfonça sa tête dans les rideaux de coton de son lit, et répandit des larmes.

« Où repose-t-il maintenant, avec bien d'autres dans la grande fosse commune creusée pour les morts ? Peut-être est-il au fond d'un marécage ! Et nul ne sait où est sa tombe ! On n'a lu sur elle aucune prière ! »

Et ses lèvres murmurèrent le *Pater noster;* elle pencha sa tête de lassitude..., et s'endormit.

Les jours passent, que l'on veille ou que l'on rêve !

C'était un soir ; un arc-en-ciel se forma au-dessus du champ de bataille, ses extrémités touchaient la forêt et le marécage profond.

On dit, et c'est une croyance populaire persistante, qu'à l'endroit où l'arc-en-ciel touche la terre il y a un trésor, un trésor d'or enfoui ; et là, — il y en avait un ; nul, hors sa tendre mère, ne pensait au jeune tambour, mais cette pensée, à elle, la suivait jusque dans ses rêves.

Les jours passent, que l'on veille ou que l'on rêve !

Il n'avait pas perdu un cheveu de sa tête, pas un seul de ses cheveux d'or.

Si sa mère l'avait vu, ou l'avait rêvé, oh ! alors : « Trommerom ! trommerom ! C'est lui, c'est lui ! » eût dit la vieille caisse, et sa mère eût chanté d'allégresse.

Avec des hurrah et des chants, parés des vertes couronnes de la victoire, les soldats rentraient dans leurs foyers, car la guerre était finie et la paix conclue. Le chien du régiment faisait des gambades en avant et s'allongeait le chemin d'au moins trois fois.

Les jours, les mois avec eux, se passèrent, et Peter entra dans la chambre de ses vieux parents ; il était bruni comme un sauvage, ses regards brillants erraient autour de lui, sa figure rayonnait comme le soleil. Et sa mère l'étreignit dans ses bras ; elle baisait sa bouche, ses yeux, sa chevelure rouge. Elle retrouvait son garçon ; il n'avait pas la croix d'argent sur la poitrine, comme l'avait rêvé son père, mais il était vivant et intact, contrairement au songe de sa mère. Et c'était une joie indicible ; ils riaient et pleuraient à la fois. Et Peter saisit entre ses bras la vieille caisse d'alarme :

« Tu es donc encore là, toi, vieille carcasse ! » dit-il.

Et le père de Peter battit un roulement dessus.

« On dirait presque qu'il y a ici un grand incendie, » disait la caisse d'alarme. Journée radieuse, trésor d'or, tu mets le feu dans les cœurs ! Skrat, Skrat, Skrat ! »

Et après ? oui, après ? Demandez au musicien de la ville.

« Peter a laissé le tambour bien loin derrière lui ; Peter est plus grand que moi ! » disait le musicien ; et pourtant il était le fils d'un argentier royal ; mais tout ce qu'il avait appris pendant la moitié de son existence, Peter le sut en un demi-an.

Or il y avait en lui un entrain, une sérénité intime vraiment indéfinissables. Ses yeux étincelaient, sa chevelure rayonnait, — cela était évident pour quiconque le voyait.

« Il devrait faire teindre ses cheveux, disait la voisine ; cela a réussi superbement à la fille du maître de la police, et elle s'est mariée. »

« Mais ses cheveux ne sont-ils pas devenus aussitôt après verts comme une purée de pois, et ne lui faut-il pas toujours recommencer l'opération ? »

« Elle sait s'en tirer, reprenait la voisine ; que Peter fasse de même. Il va dans les maisons les plus considérables, chez le bourgmestre lui-même, où il donne à sa fille Lotte des leçons de clavecin. »

Certes, il pouvait jouer, oui, et les plus
magnifiques morceaux, et c'était de son
cœur qu'il les tirait, ils n'étaient notés sur
aucun papier. Il jouait dans les nuits claires
et aussi dans les nuits obscures. C'était à
n'y pas tenir, disait la voisine, et la caisse
d'alarme en disait autant dans un autre
sens par dépit.

Il jouait de telle sorte que ses idées s'é-
levèrent et qu'il forma de grands projets
d'avenir.

«Et de gloire ! »

Et quand Lotte, la fille du bourgmestre,
était assise au clavecin, ses doigts délicats
voltigeaient sur les touches de telle manière que le cœur de Peter en vibrait ; l'é-
motion était trop forte pour lui, et cela ne
lui arriva pas une fois, mais bien des fois,
et voilà qu'un jour il saisit ces doigts me-
nus, cette main délicieusement modelée,
la baise et regarde ses grands yeux bruns;
Dieu sait ce qu'il dit alors ; quant à nous,
il nous est permis de le supposer : Lotte
rougit jusqu'aux épaules et ne répondit
pas un seul mot. — Des étrangers sur-
vinrent en ce moment, entre autres le fils
du conseiller de la ville; il avait le front
haut et blanc et il le portait prodigieuse-
ment renversé. Peter resta longtemps assis
auprès d'elle et elle le regarda avec des
yeux pleins de douceur.

Le soir, au logis, il parla du vaste monde
et du trésor que renfermait pour lui son
violon.

La gloire !

« Toummeloum, toummeloum, toummeloum ! dit le tambour d'alarme. Voilà Peter à présent totalement fou ! Je crois que
le feu est dans la maison. »

Le jour d'après, la mère alla au marché.

« Sais-tu du nouveau, Peter ? dit-elle à
son retour ; une nouvelle magnifique !
Lotte, la fille du bourgmestre est fiancée
au fils du conseiller de la ville, et cela a
eu lieu hier soir. »

« Non ! » dit Peter en sautant de sa
chaise. Mais sa mère lui dit : « Si ! » Elle
le tenait de la femme du barbier, et le
mari l'avait appris de la propre bouche du
bourgmestre.

Et Peter devint pâle comme un linge, et
il se rassit.

« Seigneur Dieu, qu'as-tu ? » dit la mère.

« C'est bien, c'est bien ! laisse-moi en
repos ! » dit le jeune homme, et les larmes
lui coulaient le long des joues.

« Mon doux enfant, mon trésor d'or ! »
reprit la mère tout en pleurs ; mais la
caisse d'alarme résonna non pas dehors,
mais au dedans :

« Lotte est morte ! Lotte est morte !...
Oui, le chant est fini ! »

———

Le chant n'était pas fini ; il y avait encore beaucoup de strophes, de longues
strophes, les plus belles, celles renfermant
le trésor d'or d'une vie.

« Elle se comporte et gesticule comme une folle ! disait la voisine. Le monde entier, suivant elle, devrait lire les lettres qu'elle reçoit de son trésor d'or et entendre en outre ce que les gazettes disent de son violon ; oui, c'est bien, il lui envoie l'argent dont elle a besoin depuis qu'elle est veuve.»

« Il joue devant les empereurs et les rois, disait le musicien de la ville ; je n'ai pas eu cette chance, mais il est mon élève et il n'oublie pas son vieux maître.»

« Son père a rêvé autrefois, Dieu le sait, disait la veuve, que Peter revenait de la guerre avec la croix d'argent sur la poitrine : il ne l'a pas eue à la guerre, mais il est encore plus difficile de la recevoir comme il l'a eue ! Le voilà aujourd'hui chevalier. Pourquoi son père n'a-t-il pas vécu pour le voir ?»

« Glorieux ! » grondait la caisse d'alarme; et le Doyen de la ville disait à son tour : « Le fils du tambour, Peter aux cheveux rouges, Peter, que nous avons vu tout enfant avec des sabots, que nous avons vu battant de la caisse et jouant pour faire danser, le voilà, à cette heure, illustre, glorieux ! »

« Il a joué chez nous avant de jouer devant des rois ! disait la femme du bourgmestre. En ce temps-là, il était épris de Lotte, il regardait toujours bien haut ! En ce temps-là, il était présomptueux et il extravaguait. Mon époux a bien ri lorsqu'il apprit sa folle témérité ! Aujourd'hui Lotte est la femme d'un conseiller ! »

Un trésor avait été déposé dans le cœur, dans l'âme du pauvre enfant, qui, lorsqu'il était petit tambour, avait battu : « En avant, marche ! » et donné l'élan de la victoire à ceux qui étaient sur le point de faiblir. Il y avait un trésor dans sa poitrine, — la puissance musicale ; son violon mugissait comme si c'eût été un orgue complet, comme si toutes les Elfes des nuits d'été eussent dansé sur ses cordes ; il rendait aussi bien les notes du gosier de la grive que la pleine harmonie de la voix humaine. Aussi pénétra-t-il tous les cœurs de ravissement, et son nom retentit par tout le pays. Il alluma un immense incendie, l'incendie de l'enthousiasme.

« Sans compter qu'il est d'une éclatante beauté ! » disaient les jeunes dames et les vieilles aussi ; oui, la plus vieille de toutes avait créé tout exprès un album où elle mettait une boucle de toutes les chevelures illustres, dans le but seulement de pouvoir demander une boucle de cette superbe et opulente chevelure, de ce trésor, de ce trésor d'or.

Et le violoniste rentra un jour dans l'humble chambre du batteur de caisse, élégant comme un prince, plus heureux qu'un roi. Ses yeux étincelaient, son visage rayonnait comme le soleil. Et il tint sa mère dans ses bras, et elle le baisa sur sa bouche chaude, et elle répandit des pleurs comme on en répand quand le cœur est inondé de joie ; et il refit connaissance avec tous les vieux meubles de

la chambre ; il salua amicalement le bahut
avec ses tasses à thé et son vase à fleurs ;
il salua la banquette où il avait dormi
quand il était petit enfant ; mais venant au
vieux tambour d'alarme, il le prit, il le
plaça au milieu de la chambre, et s'adres-
sant à lui et à sa mère :

« Mon père eût en ce jour battu un roulement sur cette caisse ; c'est moi qui vais
le battre à sa place ! »

Et le tonnerre véritable qu'il fit éclater
sur le vieux tambour le rendit si fier que
sa propre peau en creva.

« Quel poignet superbe il a ! dit la vieille
caisse. A présent j'ai de lui un souvenir
qui durera toujours ! Je m'attends à voir
sa mère rompre de joie sur son trésor
d'or. »

Telle est l'histoire du trésor d'or.

LA FILLE DE GLACE

I

Le petit Rudy.

Visitons la Suisse, parcourons ce magnifique pays de montagnes, où les forêts couronnent les cimes des rochers aux abruptes parois ; montons vers ces champs éblouissants de neige, puis retournons dans les vertes prairies, à travers lesquelles des fleuves et des ruisseaux se précipitent en mugissant, avec une telle vitesse qu'ils semblent ne pouvoir atteindre assez tôt la mer et s'y absorber. Le soleil envoie ses brûlants rayons au fond des vallées, il darde aussi ses feux sur les sommets et en pénètre ces lourds amas de neige qui, avec les années, se fondent et se soudent en blocs étincelants, pour former les mobiles avalanches, les glaciers pareils à des tours. Il existe deux semblables glaciers dans les larges gorges de rochers au-dessous du Schreckhorn et du Wetterhorn, tout près de la petite ville de Grindelwald ; ils sont fort curieux à contempler, et beaucoup

d'étrangers affluent là dans la saison d'été
de toutes les parties du monde; il en est
qui s'y rendent par les hautes montagnes,
il en est aussi qui viennent par les vallées
profondes, et comme alors l'ascension doit
durer plusieurs heures, il semble à mesure
que l'on monte que la vallée s'enfonce
toujours plus; la vue plonge comme si l'on
regardait du haut d'un ballon. Souvent on
voit planer au-dessus de sa tête des nuages
qui, comme des voiles pesants et opaques,
entourent les pics des montagnes, tandis
que, en bas dans la vallée, où sont dissé-
minées de brunes maisons de bois, brille
encore un rayon de soleil, et qu'un petit
point se détache sur la verdure lumineuse
et comme transparente. En bas, l'eau
murmure, gronde, mugit; en haut, elle
chante et gazouille; on dirait des rubans
argentés qui flottent et ondoient parmi les
rochers.

Des deux côtés du chemin qui mène à la
montagne, se dressent des habitations
faites de charpentes et de solives, dont
chacune a son petit jardin planté de pommes de terre, ce qui est d'une rigoureuse
nécessité, attendu que ces chaumières ren-
ferment bon nombre de bouches, qu'elles
sont peuplées d'enfants qui ont déjà fort
bon appétit; ceux-ci apparaissent de tous
côtés et entourent les voyageurs à pied ou
en voiture; tous ces enfants s'adonnent au
commerce: ils vous offrent gentiment à
bon marché des petites maisonnettes en
bois découpées sur le modèle de celles

qu'on bâtit sur la montagne. Qu'il pleuve ou fasse du soleil, ces groupes d'enfants sont là avec leur marchandise.

Il y a une vingtaine d'années qu'en cet endroit se tenait souvent, mais toujours un peu à l'écart des autres, un petit garçon qui se livrait aussi à ce genre de commerce; il faisait une si sérieuse mine et tenait si ferme de ses deux petites mains sa boîte approvisionnée d'objets découpés qu'on eût dit vraiment qu'il les vendait malgré lui ; mais sa gravité précisément et l'exiguïté de sa taille faisaient qu'on le remarquait, que les étrangers l'appelaient et qu'il trouvait un plus grand débit que ses camarades ; le petit garçon ignorait lui-même pourquoi. A une lieue plus haut, sur la montagne, demeurait son grand-père, qui taillait ces délicates et gentilles petites maisonnettes; il y avait dans la chambre du vieillard une grande armoire abondamment remplie de semblables objets taillés, casse-noisettes, couteaux, fourchettes, boîtes garnies de feuillage avec des chamois agiles, toutes choses réjouissantes pour les yeux de l'enfance, et pourtant le jeune garçon, qui se nommait Rudy, regardait avec un plaisir bien plus grand, avec plus de convoitise le vieux fusil accroché à une solive de la toiture de la chambre, lequel, d'après la promesse de son grand-père, lui reviendrait plus tard, mais pour le maniement duquel il fallait avant tout devenir grand et fort.

Si petit que fût cet enfant, il avait toute-

fois la garde des chèvres, et si pour être
un bon chevrier il faut savoir grimper avec
son troupeau, Rudy pouvait se dire tel ; il
grimpait même un peu plus haut que ses
bêtes et aimait à attraper des nids au faîte
des arbres. Il était courageux et hardi, et
on ne le voyait guère sourire que lorsqu'il
était au bord des cascades mugissantes et
qu'il entendait la chute des avalanches. Il
ne jouait jamais avec les autres enfants ; il
ne se trouvait en leur compagnie que lorsque son grand-père l'envoyait au bas de la
montagne pour faire du commerce, ce qui
n'était pas précisément du goût de Rudy,
qui préférait courir seul en liberté sur les
montagnes, ou bien s'asseoir près de son
grand-papa pour l'entendre parler du passé
et des gens de Meyringen (1), qui était son
lieu de naissance. Les gens de cet endroit,
racontait le vieillard, n'en sont pas origi-
naires, ils s'y sont venus établir en émi-
grant des contrées les plus reculées du
septentrion, où habitent les Suédois, leurs
ancêtres ; et Rudy était fier en apprenant
ces choses ; toutefois il ne laissait pas de
s'instruire encore par les excellentes rela-

(1) Meyringen, nom d'une vallée et d'un village cé-
lèbres de l'Oberland Bernois, lieu de rendez-vous des
touristes, qui vont visiter les sublimes beautés de la
Suisse ; elles abondent particulièrement en cette pro-
vince : prairies, vallées, roches, glaciers, pics, cascades, lacs, mer de glace, s'offrent de toutes parts. Non
loin de Meyringen est la fameuse Jungfrau, avec ses
neiges demeurées jusqu'en 1842 vierges de toute esca-
lade, époque à laquelle les frères Meyer d'Aran firent la
première excursion, jusque-là tentée et qu'ils renouve-
lèrent en 1830.

tions d'une autre sorte qu'il entretenait
avec des hôtes familiers de la cabane qui
appartenaient à l'espèce animale : c'était
un grand chien, appelé Ajola, qui avait été
à son père, plus un matou; celui-ci était
particulièrement en honneur auprès de
Rudy : il tenait de lui l'art de grimper.

« Monte avec moi sur le toit ! » avait dit
le chat, et cela d'une manière très-claire
et très-intelligible, car quand on est enfant et qu'on ne peut encore parler, on
comprend très-bien le langage des coqs et
des canards; les chats et les chiens nous
parlent d'une façon aussi nette que nos
père et mère; il ne faut pour cela qu'être
très-petit. La canne même du grand-papa
peut quelquefois alors hennir et se changer
en un cheval complet, avec tête, jambes et
queue. Chez certains enfants, cette compré-
hension subsiste plus tard que chez d'autres
et on dit d'eux alors qu'ils sont demeurés
longtemps enfants : que ne dit-on pas !

« Monte avec moi sur le toit, Rudy ! » telle
fut la première chose que dit le chat et que
comprit Rudy. « Ce que l'on dit des chutes
n'est que billevesée, on ne tombe point
quand on n'a pas peur de tomber. Viens
donc et place une de tes pattes ici et l'autre
là, comme cela ! tâte d'abord avec tes
pattes de devant ! il faut avoir le regard
sûr et les membres souples. Quand un
abîme se présente, élance-toi sans peur,
tiens-toi ferme, comme tu me vois faire ! »

Et c'est ce que fit Rudy; c'est pourquoi
il était si souvent assis sur le toit avec le

matou, c'est pourquoi il était si souvent avec lui au faîte des arbres, et même sur le bord des rochers où le chat ne pouvait aller.

« Plus haut encore ! » disaient l'arbre et le hallier ; « vois-tu comme nous grimpons, vois-tu comme nous parvenons haut, comme nous nous tenons fermes jusque sur le plus extrême bord, le bord le plus mince des rochers ! »

Et Rudy escaladait les pics des montagnes, souvent bien avant que le soleil les eût visités, et là il buvait sa boisson du matin, l'air frais et fortifiant de la montagne, boisson que le bon Dieu seul a le secret de préparer et dont il n'est donné aux hommes que de lire la formule, où il est écrit : fraîches senteurs des simples de la montagne, aromes des menthes et du thym de la vallée, — le tout (opération assez difficile) absorbé par les nuées flottantes que le vent fait glisser ensuite au-dessus des forêts de pins, de l'odeur desquels elles s'imprègnent : l'essence résultant de ces émanations constitue un air léger, frais, toujours nouveau. Telle était la boisson matinale de Rudy.

Les filles bienfaisantes du soleil, les Rayons solaires, venaient lui baiser les joues, et le Vertige le guettait sans oser toutefois s'approcher de lui, et les hirondelles de la maison de son grand-père, où elles n'avaient pas bâti moins de sept nids, volaient au-dessus de lui et de ses chèvres, et elles chantaient : « nous voici, tous ici ! »

4.

Elles lui apportaient le bonjour du grand-papa et aussi le bonjour de deux coqs, les seuls oiseaux du logis avec lesquels Rudy d'ailleurs ne se lia jamais.

Tout petit qu'il était, il avait cependant voyagé, et le voyage n'avait pas été court. Il était né dans le canton du Valais, et on l'avait amené de l'autre côté de la montagne; bref, il avait visité à pied le Staubbach (1), qui comme une gaze argentée ondoie dans les airs en face de la montagne à la robe éblouissante de neige, devant l'immense Jungfrau. Il était aussi allé à Grindelwald, au glacier géant; mais c'était là une pénible histoire : sa mère avait trouvé la mort en cet endroit, et en cet endroit aussi, au dire de son grand-père, la gaîté de l'enfance avait abandonné le petit Rudy.

« L'enfant n'avait pas encore un an qu'il riait plus qu'il ne pleurait, « ainsi l'avait écrit sa mère; » mais depuis le jour où il avait reposé au fond d'un gouffre glacé, son caractère était devenu tout autre. » Le grand-père parlait du reste rarement de cela, mais on le savait déjà par toute la montagne.

Le père de Rudy avait été employé de la poste; le grand chien qui était dans la chambre du grand-père l'avait toujours accompagné quand il traversait le Simplon pour se rendre à Genève. Dans le Rhône-thal en Valais, habitaient encore des parents du côté paternel du petit Rudy; son

_____

(1) Les eaux de cette cascade tombent à pic de 800 pieds de haut.

oncle était un intrépide chasseur de chamois et en même temps un guide expérimenté. Rudy n'avait qu'un an quand il
perdit son père, et sa mère voulut retourner alors chez ses parents dans l'Oberland Bernois; son père habitait à quelques
lieues de Grindelwald ; il découpait le bois,
et il pouvait gagner à ce travail suffisamment de quoi vivre. Au mois de juin, elle
se mit en route avec son enfant, accompa-
gnée de deux chasseurs de chamois, et
franchit le Gemmi pour se rendre à Grindelwald. Ils avaient déjà accompli la plus
grande partie du chemin, déjà ils avaient
laissé derrière eux le Hochrücken et
étaient arrivés au Champ de neige; déjà
ils découvraient leur vallée natale et tous
les chalets qui leur étaient familiers; ils
n'avaient plus qu'à franchir encore un glacier. La neige était nouvellement tombée
et avait recouvert une excavation, qui,
bien qu'elle n'atteignît pas jusqu'aux profondeurs où l'eau bruissait, dépassait cependant la hauteur d'un homme ; la jeune
femme qui portait son enfant glissa, tomba
et disparut; on n'entendit pas un cri, pas
un soupir, mais seulement les pleurs d'un
petit enfant. Plus d'une heure s'écoula
avant que les deux compagnons de route
se fussent procuré dans l'habitation la
plus proche des cordages et des perches
pour apporter du secours, et après de
grands efforts on ramena de l'abîme deux
cadavres, ainsi qu'il parut. Tous les
moyens furent mis en œuvre ; on réussit

enfin à rappeler l'enfant à la vie, mais non pas la mère ; de sorte qne le vieux grand-père ne rentra chez lui qu'avec l'enfant de sa fille, un orphelin, avec cet enfant qui riait plus qu'il ne pleurait ; mais on s'aperçut vite que son rire était parti désormais, et l'on présuma que ce changement s'était opéré dans le gouffre du glacier, dans cet enfer de glace où les âmes des damnés sont emprisonnées jusqu'au jugement dernier, suivant la croyance des paysans suisses.

Le glacier est une eau mugissante congelée dans sa course et pareille à des blocs de cristal vert, c'est un entassement de blocs de glace roulés l'un sur l'autre ; au bas gronde le torrent impétueux de neige fondue et d'éclats de glace ; de profondes cavités, de longues galeries simulent un merveilleux palais de cristal ; c'est là que réside la Fille de glace, la reine du glacier. Elle qui tue, qui écrase, est moitié enfant de l'air, moitié souveraine puissante des eaux ; aussi peut-elle s'élever avec la vitesse du chamois sur les sommets les plus élancés des pics de neige, où les hardis montagnards sont obligés de tailler des gradins dans la glace, pour y poser le pied ; elle va ainsi effleurant les branches flexibles des sapins et rasant le bord des cascades, puis elle saute d'une roche à l'autre, avec sa chevelure de frimas flottante autour d'elle et sa robe d'un vert bleuâtre, dont l'éclat est pareil aux flots des lacs profonds de la Suisse.

« A moi appartient le pouvoir d'écraser
et de retenir ma proie ! dit-elle ; et pourtant on m'a volé le bel enfant que j'avais
embrassé, et mon baiser ne l'a pas fait
mourir. Il est revenu parmi les hommes, il
a gardé les chèvres sur les hauteurs, il
monte toujours plus haut, il s'écarte des
autres, mais il ne peut s'écarter de moi ! il
est à moi, je le veux ! »

Et elle commande au Vertige d'agir
pour elle ; car en la saison d'été, alors que
s'épanouit la menthe, il fait trop chaud
dans la verdure pour la Fille de glace ; et
voilà que le Vertige monte et descend ;
puis il en vient un autre, puis un troisième :
le Vertige a beaucoup de frères ; bientôt
c'est une troupe entière, et dans le nombre
la Fille de glace élit les plus forts, et ils
manœuvrent de tous côtés, en dehors et
en dedans ; ils s'asseyent sur les rampes
des escaliers, sur les parapets des tours,
ils longent les extrémités des roches, ils
escaladent les balustrades et les passerel-
les, ils fendent les airs comme le nageur
fend les ondes, et ils attirent leur proie au
dehors, en bas, au fond des abîmes. Le
Vertige et la Fille de glace s'attachent tous
deux à l'homme, comme le polype s'ac-
croche au premier objet qui l'approche. Le
Vertige donc avait mission de se saisir de
Rudy.

« Ah bien oui, m'en saisir, dit le Vertige, — je ne le puis ! Le chat, ce mons-
tre de chat, lui aura appris son métier. Le
petit homme a un charme particulier qui

me repousse, je ne saurais l'atteindre, cet
enfant, quand il se suspend aux branches
au-dessus des abîmes, et pourtant je lui
chatouillerais de bon cœur la plante des
pieds et je lui ferais volontiers faire la
culbute ! mais je ne puis en venir à bout !»

« Nous en viendrons à bout ! dit la Fille
de glace, toi ou moi, moi surtout ! »

« Non, non, » résonna-t-il autour d'elle,
comme si un écho de la montagne avait
retenti d'une sonnerie de cloches ; mais
c'était le chant, c'était la voix, le chœur
réuni de tous les autres génies, de tous les
bons, les bienfaisants génies de la nature,
c'étaient les Filles du soleil. Elles se reposent chaque soir en rond sur les sommets
des montagnes, et là elles étendent leurs
ailes couleur de rose, et à mesure que le
soleil descend, ces ailes s'enflamment toujours plus, et les Alpes sont en feu : c'est
ce que les hommes de ces contrées nom-
ment « l'embrasement des Alpes ; » puis,
quand le soleil est couché, elles se diri-
gent vers des sommets inaccessibles, vers
des neiges immaculées, et elles sommeil-
lent là jusqu'à ce que le soleil reparaisse,
alors elles aussi se montrent de nouveau.
Elles affectionnent surtout les fleurs, les
papillons et les hommes, et parmi ceux-ci
elles s'étaient éprises de Rudy.

« Vous ne le prendrez point ! Vous ne
l'aurez point ! » disaient-elles. — « J'en ai
pris de plus forts et de plus grands ! » répliquait la Fille de glace.

Alors les Filles du soleil entonnèrent le

lied du voyageur dont la rafale emporte le manteau. « Le vent prit l'enveloppe mais non l'homme ; vous pourrez le saisir, lui, mais non pas le garder, vous, enfants de la Force ! il est plus fort, il est plus adroit que nous-mêmes ! il monte plus haut que le soleil, notre mère (1); il a la parole magique qui charme l'onde et le vent, et qui les lui soumet. Vous pourrez remuer des blocs pesants, mais lui, il vous échappera en montant toujours plus haut. »

Ainsi le chœur des génies éclatait magnifiquement dans les airs comme une sonnerie de cloches.

Et chaque matin, les rayons du soleil pénétraient par l'unique petite fenêtre de la chaumière du grand-papa, et éclairaient l'enfant qui reposait. Les Filles du soleil le baisaient, voulant par là faire dégeler, amollir, effacer le baiser de glace que la Reine, la Fille du Glacier lui avait donné quand il était sur le sein de sa mère morte au fond de l'abîme, et dont il avait été sauvé par miracle.

II

Le Voyage au pays natal.

Rudy avait alors huit ans ; son oncle qui habitait de l'autre côté de la monta-

(1) Contrairement au français, en allemand, en danois, et dans d'autres langues, la lune est du masculin, le soleil du féminin.

gne, dans le Rhônethal, voulut prendre le jeune garçon avec lui, afin de lui apprendre un métier qui le menât à bien; la proposition plut au grand-papa qui le laissa partir.

Rudy prit donc congé ; mais outre son grand-papa, il y en avait d'autres à qui il voulait dire adieu : d'abord Ajola, le vieux chien de son père.

« Ton père était homme de poste et moi chien de poste, dit Ajola à Rudy ; nous allions et nous revenions continuellement, et je connais les chiens et les hommes aussi de l'autre côté de la montagne. Ça n'a jamais été mon affaire de parler longuement, mais maintenant que nous ne nous parlerons plus beaucoup l'un l'autre, je veux te raconter une histoire que j'ai promenée depuis longtemps avec moi et que je mâchonne depuis longtemps; je ne la comprends à vrai dire pas, et tu n'y entendras rien non plus, mais cela est indifférent ; autant que j'ai pu m'en apercevoir, j'ai vu qu'en ce monde les choses n'étaient pas bien partagées, ni pour les chiens ni pour les hommes. Tous ne sont pas créés pour reposer sur les genoux ou pour laper du lait; je n'ai été habitué ni à l'un ni à l'autre, mais j'ai vu un petit chien voyager dans la voiture de poste et y occuper la place d'un homme ; la dame qui était sa maîtresse, ou dont il était le maître, avait avec elle un biberon contenant du lait avec lequel on faisait boire le petit chien ; puis on lui donnait des pastilles, mais il ne faisait que les flairer sans vouloir les manger, et alors la dame les mangeait elle-même. Moi, pendant ce temps-là, je courais dans la boue à côté de la voiture, j'étais à jeun, autant que chien peut l'être, et je faisais réflexion que cela n'était pas tout à fait dans l'ordre ; — mais il doit y avoir beaucoup d'autres choses qui n'y sont pas non plus. Aimerais-tu à être sur les genoux et à aller en voiture? Je te le souhaite de bon cœur ; mais on ne peut réaliser ces choses-là soi seul, je n'ai pu y arriver ni en aboyant ni en gémissant! »

Telle fut la harangue d'Ajola, et Rudy l'étreignit et l'embrassa cordialement sur son museau humide ; ensuite il voulut prendre le chat dans ses bras, mais celui-ci se débattit.

« Tu es trop fort pour moi, dit-il, et je ne veux pas user de mes griffes avec toi ! Continue à gravir les montagnes, c'est moi qui te l'ai appris. N'imagine pas que tu puisses tomber, et tu ne tomberas point ! »

Et là-dessus le matou fit un bond, car il ne voulait pas que Rudy pût remarquer combien de tristesse était dans son regard.

Les coqs se pavanaient de tous côtés dans la chambre, l'un avait perdu sa queue : un voyageur qui avait voulu se faire chasseur la lui avait enlevée ; cet homme avait pris notre coq pour un oiseau de proie.

« Rudy veut passer les monts ! » dit un des coqs.

« Il est toujours si pressé! dit l'autre; je n'aime pas à dire adieu! » et tous deux se mirent à trépigner.

Rudy dit adieu aussi aux chèvres, et les chèvres chevrotèrent et voulurent être du voyage : « Meck, meck! » et ce cri était on ne peut plus triste.

Deux guides expérimentés du pays, qui voulaient traverser la montagne pour se rendre de l'autre côté du Gemmi, prirent Rudy avec eux, et il les suivit à pied. C'était là une rude marche pour un petit garçon de cet âge, mais il avait de la vigueur et un courage infatigable.

Les hirondelles volèrent un bout de chemin avec Rudy. « Nous voici! nous et toi aussi! » chantaient-elles. Le chemin était de franchir l'impétueuse Lütschine, qui sort ainsi que plusieurs petits torrents des sombres gorges du glacier de Grindelwald. Là on se sert comme ponts de troncs d'arbres renversés et de blocs de pierres. Parvenus de là à Ellerwald, nos voyageurs commencèrent à gravir la montagne à l'endroit où le glacier s'en sépare; ils franchirent désormais des masses de glace, en tournèrent d'autres, toujours en continuant d'avancer; Rudy dut tantôt se laisser glisser et tantôt marcher; ses yeux brillaient de joie, et il enfonçait tellement ses souliers de montagnard garnis de fer qu'on eût dit qu'il était obligé de laisser leur empreinte derrière lui à chaque pas qu'il faisait. Les terres noires que le torrent de la montagne avait rejetées sur le

glacier le faisaient paraîti e comme calciné,
pourtant la glace reluisait par intervalle
comme un cristal d'un vert bleuâtre ; ils
furent contraints de faire le tour des petits
lacs qui sont retenus par des remparts de
glace, et dans leur pérégrination ils arrivèrent près d'une pierre énorme, bran-
lante sur la glace au bord de l'excavation
où elle était posée ; soudain elle perdit
équilibre, roula au fond du gouffre avec
un bruit formidable répercuté par l'écho
du glacier.

Nos voyageurs continuèrent leur ascension ; en se prolongeant, le glacier ressemblait à un fleuve de glace resserré entre
des roches abruptes. Rudy songea un moment à ce qu'on lui avait raconté, qu'il
avait reposé avec sa mère au fond d'un
précipice exhalant un froid pareil ; ses
pensées toutefois ne s'y arrêtèrent pas, et
cela lui apparut bientôt comme tant d'autres histoires qu'il avait entendues. De
temps en temps, quand les guides pen-
saient que le chemin pouvait être trop pénible pour leur jeune compagnon, ils lui
tendaient une main, mais lui ne se lassait
pas et il se tenait ferme comme un chamois sur la glace polie. Ils abordèrent ensuite un sentier de rochers, et ils marchèrent tantôt entre des pierres dénudées,
tantôt entre des sapins, puis ils s'avancè-
rent vers des pâturages verdoyants, et
ainsi toujours à travers des sites chan-
geants ; ils s'élevèrent en faisant des détours sur ces cimes neigeuses appelées :

« la Jungfrau, le Monch, l'Eiger, » noms
bien connus des enfants, de Rudy aussi.
Rudy n'avait jamais jusqu'alors été à une
pareille hauteur, il n'avait jamais marché
sur la mer de glace ; il la voyait là maintenant avec ses flots de neige immobiles
dont le vent de temps à autre détachait un
flocon, de même que sur l'Océan il enlève
l'écume des vagues. Les glaciers en cette
région se donnent la main, pour me servir de
cette expression ; chacun d'eux est un palais de cristal pour la Fille de glace, qui a
le pouvoir et la volonté de saisir les voyageurs et de les ensevelir. Le soleil dardait
ses chauds rayons, la neige était éblouissante et comme parsemée de diamants qui
lançaient de bleuâtres étincelles. Des insectes innombrables, des papillons et des
abeilles surtout, reposaient entassés morts
sur la neige : ils s'étaient aventurés trop
haut, ou bien le vent les avait emportés
jusqu'à ce qu'ils expirassent de froid. Autour du Wetterhorn, était suspendue une
nuée menaçante semblable à une touffe de
fine laine noire ; elle s'abaissait gonflée de
l'ouragan renfermé dans ses flancs, ouragan plein de violence lorsqu'il vient à
éclater. Les impressions de tout ce voyage,
les haltes, la nuit sur les hauteurs, le chemin repris à l'aurore, les sombres précipices, où l'eau pour en user et scier les
parois a mis un temps que la pensée con-
fondue ne peut évaluer ; tout cela se grava
d'une manière ineffaçable dans la mémoire
de Rudy.

Une maison de pierre abandonnée offrit
aux montagnards, de l'autre côté de la
Mer de glace, un asile pour passer la nuit;
ils trouvèrent là du charbon et des branches de pins ; bientôt un feu fut allumé et
un lit préparé aussi bien que possible. Les
hommes s'assirent autour du brasier, fu-
mèrent avec délices, et burent la chaude
aromatique liqueur qu'eux-mêmes avaient
préparée ; Rudy en prit sa part également,
puis on parla des êtres surnaturels qui
hantent les Alpes, des serpents mons-
trueux qui sont au fond de la mer, de la
troupe de fantômes nocturnes qui empor-
tent les dormeurs dans Venise, la cité
merveilleuse qui flotte sur les eaux, du pâ-
tre sauvage qui mène ses noires brebis
aux pâturages; quoiqu'on ne les ait pas
vues, on a cependant entendu le bruit de
leurs clochettes et leur bêlement étrange.
Rudy écoutait avidement ces récits, sans
frayeur toutefois, elle lui était inconnue,
et pendant qu'il prêtait attention, il lui
sembla entendre comme les hurlements
caverneux d'une troupe de fantômes ; oui!
ils devinrent de plus en plus distincts;
les hommes les entendirent aussi, et ils
cessèrent leurs récits, se mirent aux écou-
tes, et dirent à Rudy qu'il ne pourrait pas
dormir.

Or, c'était un ouragan, c'était le vent
impétueux qui s'était abattu du Wetterhorn dans la vallée et qui déchaîné brisait
les arbres comme de frêles roseaux, trans-
portait les poutres des maisons d'une rive

à l'autre du fleuve, comme nous déplaçons les pièces d'un échiquier.

Après une heure environ, les hommes dirent à Rudy que c'était fini désormais, et celui-ci fatigué de la marche s'endormit comme au commandement.

Le lendemain de bonne heure, ils se mirent en route. Le soleil éclaira ce jour-là pour Rudy de nouvelles montagnes, de nouveaux glaciers, de nouveaux champs de neige ; ils avaient pénétré dans le canton du Valais et se trouvaient sur le dos de la montagne qu'on découvre du Grindelwald, mais ils étaient encore distants du pays natal ; ils virent d'autres précipices, d'autres pacages, d'autres bois, d'autres sentiers, et aussi d'autres habitations et d'autres hommes, — mais quels hommes ? Ils avaient des visages difformes, étranges, épais et jaunâtres, des cous grossiers, les chairs repoussantes pendaient comme des sacs : c'étaient des crétins ; ils se traînaient en chancelant et considéraient les étrangers avec des regards abrutis ; les femmes particulièrement étaient horribles ; étaient-ce donc là les habitants de cette nouvelle patrie ?

III

L'oncle

Dans la demeure de l'oncle chez qui Rudy allait vivre désormais, les hommes

étaient, grâce à Dieu, tels qu'il était habitué
à les voir; il n'y avait là qu'un seul crétin,
un pauvre garçon idiot, une de ces misérables créatures qui dans leur abandon
s'en vont par le canton du Valais de maison
en maison, et restent dans chaque famille
une couple de mois; le pauvre Saperli se
trouvait justement là quand Rudy arriva.

L'oncle était un chasseur robuste encore
et entendu en outre à l'état de tonnelier;
sa femme était une petite et vive personne
à figure d'oiseau, avec des yeux perçants
comme ceux de l'aigle, et un long, long
cou velu.

Tout était neuf ici pour Rudy, le vêtement, les manières, les coutumes et le
langage aussi ; toutefois l'oreille de l'enfant ne fut pas longtemps sans le compren-
dre. En comparaison de la demeure de son
grand-papa dans le pays qu'il venait de
quitter, le bien-être paraissait régner ici.
La chambre était plus spacieuse, les murailles décorées de cornes de chamois et
de carabines luisantes; au-dessus de la
porte était l'image de la Mère de Dieu, et
devant elle étaient placées de fraîches roses des Alpes et une lampe allumée.

L'oncle était, comme nous l'avons dit
précédemment, l'un des plus intrépides
chasseurs de chamois de toute la contrée
et aussi un des meilleurs guides qui fût.
Rudy devait être l'enfant gâté de ce logis;
il est vrai qu'il y en avait déjà un, c'est-à-
dire un vieux chien de chasse aveugle et
sourd, qui ne chassait plus maintenant

comme par le passé ; on n'avait pas oublié ses bonnes qualités d'autrefois, et c'est pourquoi cette bête faisait partie de la famille et recevait de bons soins. Rudy caressa le chien, mais celui-ci ne voulait plus avoir de relations avec les étrangers, et Rudy en était encore un ; mais il ne le fut pas longtemps et prit bien vite racine dans la maison et dans le cœur de ses hôtes.

« Ici, dans notre canton du Valais, il ne fait pas mauvais, disait l'oncle, nous avons des chamois qui ne meurent pas aussi promptement que les boucs et il y fait encore bien meilleur à présent qu'autrefois. Quelque récit qu'on fasse en l'honneur du vieux temps, le nôtre est pourtant préférable : le sac a été défoncé et l'air circule maintenant à travers notre vallée : il se produit toujours une amélioration quand ce qui est usé s'en va ! » Tels étaient ses propos, et quand il était tout à fait communicatif, il racontait, en remontant à ses années de jeunesse et au-delà, jusqu'au temps où son père était en sa plus verte vigueur, comment le Valais, selon son expression, était encore un sac bouché, rempli de quantité de gens infirmes, de pauvres misérables crétins : « Mais les soldats français pénétrèrent ici, ils furent de vrais médecins, qui terrassèrent immédiatement la maladie en tuant les malades. Les Français s'entendent à frapper et à livrer bataille de plus d'une façon et les filles françaises s'y entendent aussi ! » Et là-dessus, l'oncle faisait signe à sa femme, qui était d'origine française, et il se mettait à rire : « Les Français ont frappé la pierre de la bonne façon! ils ont creusé la route du Simplon (1) dans le roc, une route telle que moi, je pourrais dire à un petit enfant de trois ans, va en Italie ! — Et l'enfant arrivera droit en Italie s'il ne s'est pas dérangé du grand chemin ! » Puis l'oncle entonnait une chanson française et criait hurrah et vive Napoléon Bonaparte ! »

C'est là que Rudy entendit pour la première fois parler de la France, de Lyon, la grande cité assise sur le Rhône où l'oncle avait été.

Il ne fallut pas beaucoup d'années pour que Rudy devînt un alerte chasseur de chamois; il en avait l'étoffe, disait l'oncle, et il lui montra à tenir un fusil, à viser et tirer ; au temps de la chasse, il l'emmenait avec lui dans les montagnes et lui faisait boire le sang tout chaud des chamois, qui préserve le chasseur du Vertige ; il lui apprit également à distinguer le temps où sur les montagnes les avalanches peuvent rouler, c'est-à-dire, à midi ou le soir, suivant l'action qu'exercent sur les sommets les rayons du soleil ; il lui enseignait à observer les chamois et la manière dont ils sautent, afin d'arriver à se tenir d'aplomb sur ses pieds ; et quand il n'y avait pas de place pour les poser dans les anfractuosités des rochers, à se cramponner avec les coudes, les cuisses, les mollets, et même,

(1) La route extraordinaire du Simplon exécutée par Napoléon fut terminée en 1806.

5

s'il le fallait, à s'accrocher par la nuque.
Les chamois sont avisés, disait-il, ils savent
placer des avant-postes, mais le chasseur
doit être plus avisé qu'eux, se mettre hors
de leur odorat, qui est très-subtil, et chercher à les dérouter ; un jour que Rudy
était à la chasse avec son oncle, il le vit
mettre son habit et son bonnet sur sa canne
ferrée, et les chamois prirent l'habit pour
l'homme.

Une autre fois, le sentier de rochers était
étroit, il n'y en avait même pour ainsi
dire pas, une mince saillie seulement bor-
dait l'abîme béant ; la neige qui se trouvait là était à demi-fondue, la pierre s'é-
miettait dès qu'on y posait le pied ; alors
l'oncle se mit à plat ventre et rampa en
avant. Chaque morceau qui se détachait
du roc rebondissait dans sa chute, sautait
et roulait d'un rocher à l'autre jusqu'à ce
qu'il arrivât au fond mystérieux du gouffre
et restât en repos. A environ cent pas en
arrière de son oncle, Rudy se tenait sur le
sommet d'une roche et de là il voyait un
énorme vautour qui planait dans les airs
en tournoyant au-dessus de son oncle, qu'il
voulait d'un coup d'aile précipiter dans l'a-
bîme afin d'en faire sa proie. L'oncle avait
toute son attention concentrée sur un petit chamois et sa mère qu'on apercevait de
l'autre côté du précipice ; Rudy ne perdait
pas l'oiseau de vue, il comprenait ce qu'il
voulait ; aussi se tenait-il prêt à faire feu
de sa carabine, quand tout à coup la mère
fit un bond, l'oncle tira, et la bête fut at-

teinte d'une balle mortelle, mais le jeune se sauva en bondissant comme s'il avait déjà passé toute une longue existence dans la fuite et le danger. Le gros oiseau effrayé du bruit de l'arme, prit une autre direction ; l'oncle ignorait quel danger l'avait menacé et ce fut Rudy qui l'en instruisit.

Ils avaient repris avec la meilleure humeur du monde le chemin qui les ramenait au logis ; l'oncle sifflait un lied de sa jeunesse, quand soudain ils entendent tout près d'eux un bruit particulier ; ils regardent autour d'eux, il regardent en l'air, et là sur la pente de la montagne s'élevait un rideau de neige ; il s'agitait et ondulait comme une pièce de toile déployée quand le vent s'y engouffre ; ces vagues de neige, naguère lisses et fermes comme des plaques de marbre, se déchirent et éclatent en un torrent écumeux, bondissant, grondant comme le tonnerre : c'était une avalanche qui roûlait, non pas absolument sur Rudy et son oncle, mais tout près d'eux, trop près d'eux.

« Tiens-toi roide, Rudy, cria l'oncle, de toutes tes forces ! »

Et Rudy aussitôt étreignit le tronc de l'arbre le plus rapproché ; son oncle s'élança au-dessus dans le même arbre et s'y cramponna vigoureusement, pendant que l'avanche roulait à plusieurs pieds de lui ; mais la pression de l'air opérée par la rapidité de la chute de l'avalanche brisa tout

autour d'elle, arbres et buissons, comme
si ce n'eussent été que des roseaux desséchés, et les dispersa au loin. Rudy était
accroupi sur la terre : l'arbre auquel il se
tenait avait été comme scié et sa couronne
lancée loin de là ; entre les branches brisées se trouvait l'oncle ayant la tête fracassée ; sa main était encore chaude, mais
son visage était méconnaissable. Rudy
était là pâle et tremblant; c'était la premier frémissement qu'il eût ressenti de sa
vie.

Le soir, tard, il revint avec la funèbre
nouvelle à la maison, qui devint une maison de deuil. La femme ne put ni pleurer
ni parler ; ce ne fut que lorsqu'on rapporta
le cadavre que sa douleur pût éclater. Le
pauvre crétin se roulait dans son lit et on
ne le vit pas tout le jour suivant; seulement le soir il s'avança vers Rudy :
« Ecris-moi une lettre ! lui dit-il, Saperli
ne peut écrire ! Saperli la mettra seulement à la poste ! »

« Une lettre de toi ! demanda Rudy, et
pour qui ?

« Pour le Seigneur Christ.

« A qui dis-tu ? »

Et le pauvre possédé, comme on appelle
les crétins, jeta sur Rudy un regard touchant, joignit les mains et dit avec une
pieuse solennité :

« Jésus-Christ ! Saperli veut lui écrire
pour le prier que Saperli repose mort ici,
et non pas le maître de la maison ! »

Rudy pressa sa main et lui dit : « Ta

lettre ne peut parvenir, elle ne nous le rendra point ! »

Il ne fut pas aisé pour Rudy de lui expliquer cette impossibilité.

« Désormais tu es le soutien de la maison ! » dit à Rudy sa tante, sa mère adoptive; et Rudy ne manqua point à sa tâche.

IV

Babette.

Quel est le plus adroit tireur du canton du Valais ? Oh ! les chamois le savent bien : « Prends-garde à Rudy ! » pouvaient-ils dire. Quel est le plus beau tireur ? « — Oh ! c'est Rudy ! » disaient les jeunes filles; mais elles n'ajoutaient pas : « Prends-garde à Rudy ! » Les mères, plus graves, ne le disaient pas non plus peut-être, car il leur souriait aussi amicalement qu'aux jeunes filles; joyeux et déterminé, les joues brunes, les dents fraîches et blanches, les yeux noirs et brillants, tel était Rudy à vingt ans ; peu soucieux du froid, il se tournait et retournait dans l'eau comme un véritable poisson; nul ne grimpait plus lestement; il se tenait aux parois des rochers aussi bien que l'escargot, et il faisait voir en sautant qu'il avait des nerfs et des mus-

cles solides ; en cet art il avait eu pour
maîtres le chat et plus tard le chamois.
Rudy était le plus sûr guide auquel on pût
se confier ; il aurait pu faire de gros gains
en cette qualité ; le métier de tonnelier
que son oncle lui avait aussi appris ne lui
disait pas trop, son bonheur était de chasser, et cela lui rapportait de l'argent. Rudy
était un bon parti, comme on dit, s'il ne
se montrait pas trop ambitieux. Il dansait
si bien que les jeunes filles en rêvaient, et
même éveillées, il ne leur sortait pas de
l'idée.

- « Il m'a embrassée en dansant, » disait
Annette, la fille du maître d'école, à son
amie la plus intime ; cependant elle n'aurait pas dû le dire même à elle. Il n'est
pas aisé de garder un tel secret, c'est
comme du sable dans un crible, qui passe
de suite au travers ; or, on sut bientôt que
Rudy, si brave et si bon qu'il fût, donnait
des baisers en dansant, et pourtant il n'a-
vait pas embrassé là celle qu'il préférait.

« Oh ! pour celui-là, dit un vieux chasseur, en embrassant Annette, il a com-
mencé par la lettre A, et tout l'alphabet y
passera ! »

Un baiser à la danse, c'était tout ce que
jusqu'à présent les mauvaises langues pouvaient mettre sur son compte ; il avait réellement pris ce baiser à Annette, et Annette
n'était point la fleur de son cœur.

Dans la vallée de Bex, entre de grands
noyers, tout près d'un petit torrent qui
s'échappe avec impétuosité de la monta-

gne, habitait le riche meunier ; la maison
qu'il occupait avait trois étages surmontés
de tourelles couvertes d'ais garnis de petites plaques de métal qui scintillaient à la
clarté du soleil et de la lune; la plus grosse
de ces tourelles avait pour girouette une
flèche étincelante passant au travers d'une
pomme, en souvenir de celle percée par
Guillaume Tell. Le moulin, charmant et
respirant l'aisance, se prêtait sans doute à
la description, mais pour la fille du meunier, il était impossible de la décrire et de
tracer son image, c'est du moins ainsi
qu'aurait parlé Rudy, et pourtant cette
image était gravée dans son cœur; les yeux
de la jeune belle dardaient en ce cœur de
si chauds rayons qu'un incendie véritable
y était allumé ; — cela était venu tout soudain comme éclate un embrasement, et le
plus extraordinaire, c'était que la fille du
meunier, la gentille Babette, n'en soup-
çonnait rien, Rudy et elle ne s'étaient pas
encore dit le plus petit mot.

Le meunier était riche, et son opulence
était cause que Babette avait de hautes
prétentions et était difficile à attraper;
toutefois il n'est rien de si élevé qu'on ne
puisse atteindre, il ne s'agit que de grimper, on ne tombe point quand on ne se
figure pas qu'on puisse tomber; il tenait
ce principe du chat de la maison de son
grand-papa.

Il arriva qu'une fois Rudy avait affaire à
Bex : c'était alors tout un voyage ; on n'a-
vait pas encore là de chemin de fer à sa

disposition. A partir du glacier du Rhône
qui longe la base du Simplon, et entre
plusieurs hauteurs successives, se déroule
la large vallée du Valais avec son fleuve
puissant, le Rhône, qui souvent passe par-
dessus ses bords et se répand dans les
campagnes et sur les chemins en portant
avec lui la destruction. Entre la ville de
Sion et celle de Saint-Maurice, la vallée
décrit une courbe comme un coude et se
resserre tellement devant Saint-Maurice
qu'il n'y a place que pour le lit du fleuve
et pour un étroit passage. Une tour antique, comme la gardienne du canton du
Valais, qui finit là, se dresse en cet endroit, et regarde au-delà d'un pont en ma-
çonnerie le bâtiment de la douane situé
vis-à-vis; là commence le canton de Vaud,
et la plus prochaine ville, à peu de distance, est Bex. Désormais l'abondance et
la fertilité se révèlent à chaque pas, on est
comme dans un parterre de châtaigniers
et de noyers; de toutes parts surgissent
des verts cyprès et des grenadiers; la
température du midi règne ici comme si
l'on était en Italie.

Rudy se rendit à Bex où il s'occupa de
l'objet qui l'y avait amené; il regarda l'intérieur de la ville, mais il n'aperçut pas
même un garçon de moulin, bien loin de
voir Babette. Cela ne faisait point le
compte de Rudy.

Le soir approchait; l'air était chargé
des émanations du thym sauvage et de
la fleur des tilleuls; une brume bleuâtre

et chatoyante enveloppait comme d'un voile les flancs boisés de la montagne ; le calme régnait partout au loin, non le calme du sommeil ou de la mort, non, mais on eût dit que toute la nature retenait son souffle et se tenait immobile afin que son image se photographiât sur la surface bleue du firmament. Ici et là, entre les arbres qui croissent dans les vertes prairies, se dressaient les mâts auxquels sont attachés les fils du télégraphe qui traversent la silencieuse vallée ; à l'un d'eux, un objet était appuyé que son immobilité aurait pu faire prendre pour un tronc d'arbre : c'était Rudy, qui se tenait là tranquille comme l'était tout ce qui l'entourait ; il ne dormait pas, encore moins était-il mort ; mais de même que de grands événements qui influent sur les destinées du monde volent sur les fils télégraphiques, — moments pleins d'importance pour certains, —sans que ces fils par aucun ébranlement, par aucun bruit en décèlent rien, ainsi de puissantes pensées traversaient silencieuses l'âme de Rudy et la subjuguaient : pensées de bonheur qui ne devaient plus le quitter désormais. Ses regards étaient concentrés sur un point, sur une lumière qui brillait à travers le feuillage dans la chambre de la maison du meunier qu'habitait Babette. A son immobilité, on eût pu croire que Rudy visait un chamois, tandis que lui-même en ce moment était pareil au chamois, qui peut se tenir sans bouger pendant plusieurs minutes et

5.

comme sculpté dans le roc sur lequel il est
posé, jusqu'au moment où une pierre venant à se détacher et à rouler en bas, il
fait un bond soudain et s'enfuit ; ce fut
précisément ce que fit Rudy : une pensée
roula en lui.

« Jamais de découragement, s'écria-t-il ;
faisons une visite au moulin ! J'entre,
bonsoir au meunier, bonsoir à Babette. On
ne tombe point quand on ne pense pas
pouvoir tomber ! Il faut absolument que je
voie Babette ; je veux être son mari ! »

Et Rudy sourit, il était tout joyeux, et il
se dirigea vers le moulin ; il savait ce qu'il
voulait, il voulait obtenir Babette.

Le Rhône roulait là-bas ses flots jaunâtres et grondeurs, les saules et les tilleuls
laissaient pendre leur feuillage au-dessus ;
Rudy suivait le sentier qui menait au logis
du meunier ; — mais, comme chantent les
enfants :

> Au logis pas un habitant !
> Le chat seul vint en miaulant !

Le chat du lieu était sur l'escalier, il fit
gros dos et dit : « Miaou ! » mais cela n'a-
vait plus de sens pour Rudy ; il frappa,
personne ne l'entendit, personne ne lui ouvrit la porte. « Miaou ! » dit le chat. S'il
eût été encore enfant, Rudy l'aurait entendu et aurait compris ce qu'il avait dit
tout à l'heure : « Il n'y a personne à la
maison ! » Alors il dut aller au moulin
pour s'informer, et là on lui apprit que le
maître était en voyage bien loin, à Inter-

laken, et Babette avec lui ; qu'on y célébrait la grande fête du Tir, qu'elle commencerait le lendemain pour durer huit jours, et que tous les gens des cantons allemands y seraient.

Le pauvre Rudy n'avait pas choisi un jour heureux pour sa visite à Bex, il n'avait plus qu'à s'en retourner ; c'est ce qu'il fit, et il prit par Saint-Maurice et Sion pour revenir à sa vallée natale, à ses chères montagnes, mais c'était avec le découragement dans l'âme. Quand le soleil brilla le lendemain, il avait depuis longtemps retrouvé sa bonne humeur, qui ne s'était, à vrai dire, jamais éteinte encore.

Babette est à Interlaken, à plusieurs journées de marche d'ici, se dit-il, c'est une longue route quand on prend par le grand chemin, mais ce n'est pas si loin en coupant en biais par les montagnes, et ce chemin est précisément celui des chasseurs. Je l'ai déjà fait quand j'allai encore enfant chez mon grand père, là-bas, dans mon autre pays natal ; et c'est la fête du Tir à Interlaken ! Je veux m'y trouver, y être le premier et l'être aussi auprès de Babette, dès que j'aurai fait sa connaissance !

Son havre-sac au dos, contenant ses effets du dimanche, son fusil et sa carnassière passés en bandoulière, Rudy gravit la montagne, chemin abrégé qui lui parut toutefois assez long ; mais la fête du Tir ne faisait que de commencer ce jour-là et devait durer la semaine entière et encore au-delà ; on lui avait dit que pendant tout

ce temps le meunier et Babette demeure-
raient à Interlaken chez des parents. Rudy
franchit le Gemmi et voulut monter jusqu'à
Grindelwald.

Il marchait d'un pas ferme et joyeux au
sein de l'air léger, pur et fortifiant des
montagnes. La vallée s'enfonçait, tandis
que l'horizon s'agrandissait toujours plus ;
ici c'était un sommet couvert de frimas, là
un autre, et bientôt apparut la blanche et
brillante chaîne des Alpes bernoises. Rudy
connaissait chaque pic ; il escalada le
Schreckhorn, qui semble un doigt de marbre blanc étendu dans l'azur. Il arriva enfin sur le Hochrücken, et vit en bas les pâturages de sa vallée natale ; l'air était léger, son cœur l'était de même ; montagne
et vallée étalaient en abondance leurs
fleurs et leur verdure, et son cœur débordait de ces sensations de la jeunesse qui
ne permettent pas de compter ni avec
l'âge ni avec la mort : vivre, commander,
jouir ! il était libre comme l'oiseau léger.
Les hirondelles voltigeaient au-dessus de
sa tête et chantaient comme dans son enfance : « Nous voici, toi et nous aussi ! »
Tout semblait avoir des ailes, tout semblait
être en joie.

En bas se déroulait comme du velours
la verte prairie parsemée de chalets bruns
et la Lütschine faisait entendre un grondement sourd ; le glacier avec ses arêtes
de cristal vert et sa neige salie attirèrent
les regards du voyageur, il les plongea
dans les crevasses et contempla les gla-

ciers les plus élevés comme les plus bas.
Le son des cloches parvint jusqu'à lui ; on
eût dit qu'elles voulaient lui souhaiter la
bienvenue dans son pays natal ; le cœur
de Rudy battit plus fort et s'élargit au
point que l'image de Babette en disparut un
moment tout à fait, et plus ce cœur devenait large, plus les souvenirs y affluaient.

Il se retrouva sur le chemin où, petit
enfant, il vendait avec les autres enfants
des maisonnettes découpées. En haut, derrière les sapins, s'élevait encore la maison
de son grand-père maternel, que des hôtes
étrangers habitaient maintenant. Des enfants vinrent au-devant de lui pour faire
du commerce ; l'un lui offrit une rose des
Alpes, et Rudy prit la rose comme un bon
présage en pensant à Babette. Bientôt il
passa le pont où les deux Lütschine se
réunissent ; le feuillage commençait déjà
à s'épaissir en cet endroit et les noyers lui
prodiguaient leur ombrage. Maintenant il
voyait flotter les bannières, la croix d'argent sur champ de gueules, comme en
ont les Suisses et les Danois, et devant lui
était Interlaken.

C'est véritablement là une ville délicieuse
comme pas une, pensa Rudy, une petite ville
suisse en habits de dimanche ; elle ne lui
parut pas un lourd assemblage de pesantes
maisons, comme les autres villes ; il ne lui
trouva pas non plus un air étranger et im-
posant ; non ! il lui sembla que les chalets
étaient descendus des flancs de la montagne dans la verdoyante vallée et s'é-

taient rangés symétriquement à la file aux
abords du fleuve aux ondes claires et ra-
pides comme la flèche, un sortant, un ren-
trant un peu, mais toujours de façon à
former des rues agréables ; et vraiment la
plus belle de ces rues avait fait de grands
progrès depuis que Rudy y était venu dans
son enfance ; il eût dit qu'elle s'était peu-
plée de toutes les ravissantes maisonnettes
que façonnait son grand-papa et dont son
armoire était pleine, qu'elles en étaient
sorties et avaient grandi de même que les
vieux, les plus vieux châtaigniers. Chaque
maison était un hôtel, comme on disait,
avec des sculptures en bois aux fenêtres
et aux balcons et des toitures saillantes
coquettement ornées, et devant chacune
d'elles s'avançait jusqu'à la rue spacieuse
et macadamisée un jardin tout garni de
fleurs ; ces maisons bordaient aussi la rue
d'un seul côté, sans cela elles auraient in-
tercepté la vue des fraîches et verdoyantes
prairies où circulaient les vaches avec une
clochette au cou comme celles qui ré-
sonnent sur les Alpes. Cette prairie était
entourée de hautes montagnes, qui se par-
tagent en quelque sorte au milieu afin que
l'on puisse contempler à l'aise la montagne étincelante de neige, la Jungfrau, la
plus gracieusement dessinée de toutes les
montagnes suisses.

Quelle foule élégante de messieurs et de
dames étrangers, quelle multitude de gens
venus de tous les cantons ! Chaque tireur
portait son numéro placé dans une cou-

ronne autour du chapeau. Ce n'était partout que musique, chants, orgues, trompettes, cris et tapage. Les maisons étaient ainsi que les ponts pavoisées d'emblèmes, et d'inscriptions poétiques ; les drapeaux et banderoles flottaient dans les airs, les carabines tiraient coup sur coup, et c'était là pour Rudy la meilleure musique ; au milieu de tout ce tumulte, il oublia Babette, pour l'amour de laquelle il était pourtant venu en ce lieu.

Les tireurs se pressaient pour avoir leur tour. Rudy fut bientôt parmi eux et se montra le plus adroit et le plus heureux de tous ; il ne manqua pas une seule fois de toucher au milieu du point noir.

« Qui peut donc être ce tout jeune montagnard étranger ? se demandait-on ; il parle le français comme dans le canton du Valais ; — et ne laisse pas de s'exprimer très-bien en allemand, ajoutaient quelques-uns ; — il doit avoir passé son enfance ici dans les environs de Grindelwald, » dit un des chasseurs bien informé.

Et le jeune étranger se montrait plein d'animation : ses yeux étincelaient, son coup d'œil et son bras étaient sûrs, aussi atteignait-il le but. Le bonheur tient à la hardiesse, et la hardiesse ne faisait jamais défaut à Rudy. Bientôt il eut autour de lui un cercle d'amis ; on l'admirait, on le félicitait, — et Babette lui était tout à fait sortie de la pensée. Soudain une lourde main s'appesantit sur son épaule et une voix mâle lui dit en français : « Etes-vous du Valais ? » Rudy se retourna et aperçut une mine vermeille et réjouie, et un individu de forte corpulence : c'était le riche meunier de Bex ; son vaste embompoint dérobait la mignonne et gracieuse Babette, qui bientôt pourtant se fit voir avec ses yeux brillants voilés de longs cils. Cela avait flatté le richard que le meilleur tireur, celui qu'on entourait d'hommages, fût de son canton. Rudy était bien en ce moment l'enfant gâté de la Fortune : celle pour qui il avait entrepris son voyage, mais qu'il avait presque oubliée une fois arrivé au lieu où elle était, venait elle-même à sa rencontre.

Quand les paysans se rencontrent loin de leur endroit natal, ils s'accostent, se parlent et font connaissance. Rudy par son adresse était le héros de la fête du Tir, de même que le meunier par son argent et son beau moulin était le premier personnage de Bex ; les deux hommes se pressèrent donc la main, ce qu'ils n'avaient jamais fait auparavant ; Babette tendit de même ingénument sa main à Rudy, qui la pressa et lui lança un coup d'œil qui la fit devenir rouge tant et plus.

Le meunier raconta le long voyage qu'ils avaient fait et parla des nombreuses grandes villes qu'ils avaient vues ; à son compte, ils avaient accompli là un grand voyage et dans les règles, attendu qu'ils s'étaient servis tour à tour des bateaux à vapeur, des chemins de fer et aussi des chaises de poste.

« J'ai pris un chemin plus abrégé, lui dit Rudy ; je suis venu par les montagnes ; il n'est pas de chemin si élevé qu'on n'y puisse passer.

« Et se rompre le cou de même ! dit le meunier ; et vous faites justement l'effet de quelqu'un qui veut se casser les membres ; on n'est pas plus téméraire que vous êtes ! »

« Oh ! on ne tombe point quand on ne se figure pas pouvoir tomber ! »

Et les parents du meunier à Interlaken, chez qui lui et Babette résidaient, invitèrent Rudy à venir les voir, puisqu'il était du même canton que le meunier. Ce fut une offre agréable pour Rudy ; la Fortune lui souriait comme elle fait toujours à celui qui compte sur lui et qui pense que « Dieu nous donne les noix, mais qu'il ne nous les offre pas toutes cassées. »

Rudy s'assit chez les parents du meunier comme s'il était de la famille, et l'on but à la santé du meilleur tireur ; Babette choqua son verre avec lui, et Rudy la remercia de sa politesse.

Le soir, ils allèrent tous se promener dans la belle rue, devant les magnifiques hôtels, sous les vieux noyers, et il se trouvait là une si prodigieuse quantité de monde, la presse était si forte, que Rudy dut offrir son bras à Babette, ce dont il ressentait d'autant plus de plaisir, dit-il à sa compagne, qu'il avait rencontré des personnes du canton de Vaud, et que les cantons de Vaud et du Valais étaient bons voisins. Il exprima sa joie avec tant de cor-

dialité que Babette ne put se dispenser de
lui serrer la main. Ils marchèrent ainsi
l'un à côté de l'autre comme de vieilles
connaissances, et elle était charmante,
pensait Rudy, à faire remarquer le ridi-
cule et l'exagération de la toilette ainsi
que de la démarche des dames étrangères,
et ce qu'elle en faisait n'était pas pour se
moquer, attendu que ce pouvaient être
d'honnêtes et d'excellentes personnes,
comme le savait très-bien Babette, qui
avait même pour marraine une dame anglaise d'un rang élevé; elle raconta à Rudy
que quand elle fut baptisée, il y avait de
cela dix-huit ans, sa marraine se trouvait
à Bex ; qu'elle lui avait fait présent de la
riche épingle qu'elle portait sur sa poitrine ; que sa marraine lui avait écrit deux
fois, et qu'elle devait se trouver cette année
même à Interlaken avec elle et ses filles :
que c'étaient des demoiselles âgées, allant
sur trente ans, disait Babette, comparati-
vement à elle qui n'en avait que dix-huit.

Cette bouche mignonne ne tarissait pas
un instant, et tout ce qu'elle exprimait résonnait aux oreilles de Rudy comme des
choses de la plus haute importance ; puis
il se prit à raconter ce qu'il avait à dire,
comme quoi il avait été souvent à Bex,
qu'il connaissait bien le moulin, qu'il
avait vu bien des fois Babette sans que
celle-ci vraisemblablement le vît jamais; et
comme en dernier lieu il avait été au moulin avec une foule d'idées en tête qu'il ne
pouvait pas dire ; qu'elle et son père

étaient absents, qu'ils étaient au loin en voyage, mais pas si loin toutefois qu'on n'eût pas pu escalader les obstacles qui barraient le chemin.

Voilà ce qu'il dit et beaucoup d'autres choses encore ; il lui dit même combien il l'aimait... et qu'il était venu à cause d'elle et non pour la fête du Tir.

Babette à tout cela gardait un silence absolu ; il lui semblait qu'il lui demandait comme de porter un trop pesant fardeau.

Et pendant qu'ils se promenaient, le soleil descendait derrière les hauteurs ; la Jungfrau resplendissait au milieu des montagnes environnantes dont les bois lui faisaient une verte ceinture. Tout le monde s'arrêtait pour considérer ce superbe spectacle; Rudy de même en jouit avec Babette.

« Il n'est pas au monde de plus bel endroit qu'ici ! » disait Babette.

« Il n'en est pas, » répondait Rudy en regardant Babette.

« Demain, je dois être de retour à la maison ! » dit-il quelques moments après.

« Venez nous voir à Bex ! murmura Babette, mon père en sera bien aise. »

V

Aventure du retour.

Oh ! de quel bagage énorme était chargé Rudy quand le jour suivant il s'en revint

chez lui par les hautes montagnes! vraiment
il avait trois gobelets d'argent, deux belles
carabines et une magnifique cafetière d'argent ; ce dernier objet devait servir si l'on
se mariait ; mais tout cela n'était pas le
plus important, et il portait quelque chose
de plus sérieux, ou plutôt quelque chose
le soulevait lui-même en repassant les
hauteurs. Le temps était toutefois désa-
gréable, gris, pluvieux et lourd ; les nuages
descendaient comme un crêpe noir et enveloppaient les sommets lumineux. Les
derniers coups de haches reteñtissaient
dans les profondeurs des forêts, et sur la
pente des montagnes roulaient des troncs
d'arbres, qui, vus de loin, semblaient de
minces tiges et n'en étaient pas moins
ces arbres dont on fait les plus gros mâts
de navires. La Lütschine faisait entendre
son bruit monotone, le vent sifflait, les
nuées glissaient avec rapidité : soudain,
une jeune fille inconnue s'approche de Rudy ; elle voulait franchir aussi les rochers.
Ses yeux avaient une puissance particu-
lière qui vous contraignait à les fixer ; ils
étaient vraiment étranges, clairs comme le
cristal, profonds, profonds d'une profon-
deur infinie.

« As-tu un fiancé? lui demanda Rudy,
dont toutes les pensées étaient tournées
vers l'amour.

« Je n'en ai pas! répondit la jeune fille
en souriant; mais on eût dit que ses paroles étaient mensongères. Ne prenons pas
de détours, dit-elle, nous devons plutôt

nous diriger sur la gauche, c'est le chemin le plus abrégé.

« En vérité, pour tomber dans un gouffre! répliqua Rudy. Tu ne connais pas mieux les routes, et veux te donner pour un guide ?

« Je connais parfaitement la route, dit la jeune fille, et j'ai bien toutes mes idées : les tiennes sont peut-être dans la vallée en bas ; en haut, c'est à la Fille de glace qu'il faut songer ; elle n'aime pas les hommes, dit-on.

« Je ne la redoute point! n'a-t-elle pas été forcée de se dessaisir de moi quand j'étais encore enfant ; je n'irai pas me donner à elle aujourd'hui que je suis grand. »

Et l'obscurité se fit ; la pluie tomba, puis la neige, la neige éblouissante, la neige qui aveugle.

« Donne-moi la main, dit la jeune fille, je t'aiderai à monter ; » et il sentit le contact de ses doigts glacés.

« Toi, m'aider! reprit Rudy ; je n'ai pas besoin de l'aide d'une femme pour gravir les rochers ! » Et il précipita sa marche en avant et s'éloigna d'elle. Les flocons de neige l'enveloppaient comme d'un linceul, le vent sifflait, et derrière lui il entendait la jeune fille qui riait et chantait ; cela résonnait d'une façon surnaturelle. Ce devait être un fantôme au service de la Fille de glace ; Rudy en avait entendu parler lorsque encore enfant il avait passé la nuit sur les montagnes.

La neige tomba moins épaisse, le nuage

était sous ses pieds, et Rudy regardant
de tous côtés ne vit plus personne, mais il
entendit ricaner et chanter en fausset un
chant qui ne semblait pas sortir d'une poitrine humaine.

Quand Rudy eut atteint le plateau le
plus élévé d'où partait un sentier condui-
sant dans la vallée du Rhône, il vit dans
la direction de Chamouny deux brillantes étoiles qui scintillaient dans un azur
limpide, et pensa à Babette, à lui-même
et à son bonheur, et il se sentit tout ré-
chauffé.

VI

Visite au Moulin

« Quels objets princiers rapportes - tu
donc là ! » dit la vieille mère adoptive de
Rudy, pendant que son étrange regard
lançait des éclairs et que son maigre cou
se démenait plus que jamais et se contour-
nait d'une façon extraordinaire. « Tu as du
bonheur, Rudy ! je veux t'embrasser, mon
cher garçon ! »

Et Rudy se laissa faire, mais on lisait sur
sa physionomie qu'il se conformait à la
circonstance et aux petits inconvénients
de la vie domestique.

« Que tu es beau, Rudy ! » disait la
vieille femme.

« Ne me flatte donc pas ! » dit Rudy en

souriant, — pourtant cela lui faisait plaisir.

« Je le répète, dit la vieille, la chance est avec toi !

« Oui, tu peux avoir raison en cela ! » Et Rudy pensait à Babette.

Jamais jusqu'alors il n'avait ressenti un si violent désir de descendre dans la vallée.

« Ils doivent être revenus ! se disait-il à lui-même ; deux jours se sont écoulés depuis celui où ils voulaient être rentrés. Il faut que j'aille à Bex ! »

Et Rudy partit pour Bex, et les hôtes du moulin étaient chez eux. Il fut bien accueilli, ils avaient même des compliments à lui faire de leurs parents d'Interlaken. Babette ne parla pas beaucoup, elle était devenue bien silencieuse, mais les yeux parlaient, et ce langage satisfaisait Rudy complétement. Il sembla aussi que le meunier, qui d'ailleurs maniait bien la parole et qui était habitué à voir rire toujours de ses saillies et jeux de mots, — n'était-il pas le riche meunier, — préférait entendre raconter les aventures de chasse de Rudy, et ce dernier disait les difficultés et les dangers que les chasseurs de chamois ont à surmonter, comment il leur faut se traîner, ramper le long des saillies de neige que le vent et la tempête ont comme soudées aux parois des rochers, et se risquer sur des ponts fragiles que les flocons de neige ont jetés sur des abîmes profonds. Les yeux de l'intrépide montagnard s'enflammaient à raconter cette vie du chasseur, la prudence des chamois et leurs bonds audacieux, le Fohn impétueux et la chute des avalanches ; il remarquait fort bien qu'à chaque nouvelle description il se conciliait le meunier toujours davantage, et celui-ci se sentait particulièrement impressionné par la peinture qu'il lui faisait du vautour qui ravit les agneaux et de l'aigle royal.

Il y avait dans le canton du Valais, non loin de là, un nid d'aigle habilement construit sous la corniche d'un roc élevé ; il renfermait un jeune aiglon peu commode d'ailleurs à dénicher. Un Anglais avait quelques jours auparavant offert sa main pleine d'or s'il voulait prendre ce jeune aiglon vivant ; « mais il y a des limites à tout, avait répondu Rudy, cet aigle est imprenable et ce serait folie de s'engager en cette aventure. »

Et le vin coulait et les discours de même ; mais quoique la soirée parût courte à Rudy, il n'en était pas moins minuit environ quand il revint de sa première visite au moulin.

La lumière brilla encore quelques instants aux fenêtres du moulin à travers le feuillage ; le chat de l'appartement sortit d'une lucarne ouverte sur le toit et en même temps le chat de la cuisine se glissa le long de la gouttière.

« Sais-tu les nouvelles du moulin ? dit le chat de l'appartement : il y a de mystérieuses fiançailles au logis ! Le père n'en sait rien encore ; Rudy et Babette se sont dessous la table marché toute la soirée sur les pattes; deux fois ils ont piétiné sur moi, mais je n'ai pas miaulé pour ne pas éveiller l'attention. »

« Moi, j'aurais miaulé, » reprit l'autre.

« Ce qui est bien pour la cuisine ne convient pas dans l'appartement! mais je suis curieux de savoir ce que dira le meunier quand il saura ces fiançailles-là. »

Rudy aurait désiré aussi savoir ce qu'en dirait le meunier, mais il ne voulut pas attendre pour lui faire connaître la chose; et quelques jours après, comme l'omnibus passait sur le pont du Rhône entre Vaud et Valais, Rudy y prit place avec un bon courage comme toujours et en se berçant de la belle idée d'un consentement qu'il comptait recevoir le soir même.

Et quand le soir fut arrivé et que l'omnibus refit le même trajet, eh bien! Rudy y était encore, il revenait par le même chemin; mais au moulin le chat de l'appartement courait de tous côtés avec des nouvelles.

« Sais-tu quelque chose, toi, dans ta cuisine? — Le meunier connaît tout maintenant; mais cela a eu une jolie fin, ma foi! Rudy est venu ce soir ici, et lui et Babette ont beaucoup chuchoté et se sont parlé mystérieusement; ils se tenaient dans le corridor devant la porte de la chambre du meunier. J'étais tout près d'eux à leurs pieds, mais ils n'avaient ni une pensée ni un regard pour moi. « Je vais entrer sans plus tarder chez ton père, disait Rudy, mes projets sont honnêtes. » — « Dois-je me présenter avec toi? demandait Babette, cela te donnera du courage. » — « J'en ai suffisamment ! reprenait Rudy ; mais si tu es là il se montrera bienveillant, soit qu'il consente, soit qu'il refuse ! » — Et là-dessus ils se disposent à entrer, quand Rudy me marcha grièvement sur la queue ! Rudy vraiment est bien gauche ; je miaulai, mais ni lui ni Babette n'y firent attention. Voilà qu'ils ouvrent la porte et pénètrent dans la chambre ; moi, je prends les devants et saute sur le dos d'un fauteuil, ne sachant pas trop comment se comporterait Rudy en marchant ; mais le meunier s'est avancé et lui a donné son congé comme il faut. Quant à lui, mis à la porte et renvoyé à ses montagnes et ses chamois, il peut maintenant, le Rudy, chasser ce gibier, mais non plus notre Babette ! »

« Mais de quoi ont-ils parlé, qu'ont-ils dit enfin ? » demanda le chat de cuisine.

« Ce qu'ils ont dit ? — ils ont dit tout ce que les gens disent d'ordinaire quand ils marchent sur une patte de galant : « Je l'aime et elle m'aime ! Et quand il y a dans la jatte du lait pour un, il y en a aussi pour deux ! » — « Mais elle est trop haut pour toi ! répondit le meunier ; elle siège sur des sacs de fin gruau, du gruau doré, tu sais bien, tu ne peux y atteindre ? » — « Rien n'est trop haut ! on peut tout atteindre, il suffit de vouloir ! » a répliqué Rudy, car c'est un garçon téméraire. » — « Mais le jeune aiglon, tu ne peux cependant pas y atteindre, tu le disais toi-même

tout récemment : Babette est plus haut encore ! » — « Je les aurai tous deux ! » —
« Je te ferai cadeau de Babette si tu me
fais cadeau du jeune aiglon vivant ! » dit
le meunier, en riant tellement fort que les
larmes lui partaient. « Mais pour aujour-
d'hui je te remercie de ta visite, Rudy,
reviens demain, et demain il n'y aura personne au logis, je t'en réponds ! adieu,
Rudy ! » — Et Babette lui a dit adieu aussi,
mais d'une façon si lamentable qu'on eût
dit le cri d'un petit chat qui ne peut voir encore sa mère. — « Un homme n'a que sa parole ! dit de nouveau Rudy ; ne pleure pas
Babette ! Je t'apporterai le jeune aiglon ! »
— « Tu te rompras le cou, j'espère bien !
dit le meunier, ce qui me dispensera alors
de ta poursuite ! » — Voilà ce que j'appelle
un congé dans les formes ! Rudy est à présent parti et Babette assise verse des
pleurs, mais le meunier chante une chanson allemande qu'il a apprise dans son
dernier voyage. Je ne m'affligerai pas sur
tout cela, à quoi ça sert-il ! »

« Mais il reste encore une chance ! » dit
le chat de la cuisine.

VII

L'aire.

Un chant tyrolien joyeux et puissant
retentissait dans le sentier de rochers ; il

annonçait la bonne humeur et le bon courage : c'était Rudy ; il allait voir son ami Vésinand.

« Il faut que tu m'aides; nous prendrons Nagli avec nous : je veux dénicher le jeune aiglon là-haut sous le rebord du rocher. »

« Si tu essayais auparavant d'avoir le noir qui est dans la lune, ça serait précisément aussi commode ! dit Vésinand ; tu me parais de joyeuse humeur. »

« Oui, vraiment ! je pense à me marier ! — mais pour parler sérieusement, je vais te dire ce qui me tient. »

Et bientôt Vésinand et Nagli surent ce que voulait Rudy.

« Tu es un garçon téméraire ! dirent-ils ; c'est là une méchante affaire ! tu te casseras le cou ! »

« On ne tombe point quand on ne pense pas qu'on puisse tomber ! »

A minuit, ils partirent avec des perches, des échelles et des cordages ; le chemin qu'ils suivaient était resserré entre la forêt et le hallier, sur des rochers qui se détachaient, et ils montaient, montaient toujours dans la nuit sombre. L'eau grondait en bas, l'eau ruisselait en haut, des nuages humides passaient dans l'air. Les chasseurs atteignirent le roc escarpé ; il faisait là plus sombre encore ; les parois des rochers se touchaient presque, et le jour ne passait qu'en haut par d'étroites crevasses ; tout près d'eux, au-dessous d'eux, était l'abîme avec son torrent mugissant. Les trois amis s'assirent sur le rocher pour at-

tendre la pointe du jour, alors que l'aigle
prend son vol ; il fallait d'abord tuer la
mère avant de songer à s'emparer de l'aiglon. Rudy était là accroupi, aussi immobile que s'il eût été un fragment du rocher
sur lequel il reposait ; il tenait son fusil
armé prêt à faire feu, et son regard était
fixé sur la fente où l'aire s'abritait sous la
saillie que formaient des rochers suspen-
dus. Les trois compagnons avaient longtemps à attendre.

Mais soudain, un bruit, un crépitement
éclate au-dessus de leurs têtes, un objet
volumineux se déploie, qui obscurcit en
planant la clarté environnante. Deux canons
de carabine étaient dirigés sur l'aigle noir
ainsi volant hors de son aire ; — un coup
partit : les ailes étendues de l'oiseau s'agi-
tèrent un moment, puis il descendit lente-
ment; on eût dit qu'il voulait de son enver-
gure couvrir l'abîme entier et entraîner
dans sa chute les chasseurs eux-mêmes.
L'aigle enfin tomba dans le gouffre, en
brisant dans son passage des branches
d'arbres et des arbrisseaux.

Les chasseurs se mettent alors à l'œuvre. Les trois plus longues échelles sont
liées ensemble et elles paraissent devoir
atteindre la hauteur ; on les place sur le
point le plus avancé mais résistant du rocher bordant l'abîme ; pourtant elles ne
sont pas assez longues et la paroi du roc
où le nid s'abrite sous un fronton de pierres en saillie les dépasse encore de beaucoup et présente une surface lisse comme

une muraille. Après avoir délibéré un moment, on est d'avis d'attacher en haut deux échelles jointes ensemble, de les laisser descendre dans le ravin, puis de les réunir aux trois autres placées en bas ; on les traîne, on les hisse à grand'peine et l'on fixe solidement le câble ; elles sont alors poussées par-dessus les rochers qui font saillie, et elles pendent là et se balancent au-dessus de l'abîme, et Rudy était déjà sur l'échelon le plus bas. Il faisait une matinée glaciale, des nuages de brouillard s'élevaient des sombres précipices. Rudy était donc là comme une mouche sur un fragile fétu de paille qu'un oiseau aurait apporté pour bâtir son nid, et qu'il aurait laissé tomber sur le bord d'un tuyau élevé de cheminée ; mais l'insecte, lui, peut s'envoler si le chalumeau vient à se détacher, tandis que Rudy n'avait en ce cas qu'à se rompre les os. Le vent grondait autour de lui, et au fond de l'abîme mugissaient les eaux qui s'échappaient du glacier où la Fille de glace avait son palais.

Rudy alors imprima aux échelles une oscillation, comme l'araignée se balance quand, suspendue à un long fil flottant, elle veut saisir un objet, et lorsqu'à la quatrième fois il eut enfin touché l'extrémité des trois échelles qui montaient d'en bas, il s'en saisit, et d'une main vigoureuse et sûre il les assujettit ensemble, et néanmoins elles fouettaient et claquaient dans les airs.

Les cinq échelles qui atteignaient main-

tenant jusqu'à l'aire et s'appuyaient per-
pendiculairement au flanc du roc semblaient n'être qu'un frêle roseau, et le
plus grand danger allait désormais commencer : il s'agissait de grimper comme
font les chats ; mais Rudy s'y entendait
assez; le chat de son grand-papa lui avait
montré la manière ; il ne sentait pas le
Vertige qui s'avançait derrière lui en
étendant ses bras de polype. Il était monté
au plus haut degré de l'échelle et il vit
qu'elle n'atteignait pas encore suffisamment haut pour pouvoir plonger ses regards dans le nid, il ne pouvait qu'y intro-
duire la main ; il essaya alors quelle était
la solidité des grosses branches entrelacées
qui formaient la partie inférieure de l'aire,
et après s'être assuré de l'une des plus
fortes, il s'élança au-dessus de l'échelle,
s'appuya sur la branche et se trouva alors
la poitrine et la tête au-dessus de l'aire.
Là, une odeur infecte de charogne le saisit : dans l'aire gisaient en putréfaction des
agneaux, des chamois, des oiseaux. Le
Vertige, qui n'avait pu jusqu'à présent
avoir de prise sur Rudy, lui souffla ces ex-
halaisons pestilentielles au visage afin de
le troubler et de l'étourdir, tandis qu'en
bas, au fond de l'abîme sombre et béant,
la Fille de glace avec sa longue et glauque
chevelure était assise sur l'écume du torrent, et fixait sur lui des regards homicides
pareils à deux canons de fusil.

« Aujourd'hui, je te tiens ! » dit-elle.

Rudy aperçut tapi dans un coin du nid

l'aiglon déjà gros et fort, mais inapte à voler, il le considéra, puis se tenant de toute sa force de l'une de ses mains, il lui lança de l'autre le lacet : l'aiglon était pris vivant ; ses pattes étaient engagées dans le cordon coupant, et Rudy le jeta sur son épaule avec l'oiseau, de sorte qu'il pendait à une bonne distance au-dessous de lui ; quant à lui, il s'aida d'un cordage suspendu jusqu'à ce que la pointe de ses pieds touchât de nouveau le premier degré de l'échelle.

« Tiens-toi ferme ! ne crois pas que tu puisses tomber, et tu ne tomberas point ! » C'était là le vieux précepte ; il le suivit, se tint ferme, s'aida des pieds et des mains, se persuada qu'il ne pouvait pas tomber, et il ne tomba point.

Alors un chant tyrolien retentit joyeux et puissant. Rudy était sur le rocher avec son jeune aiglon.

VIII

Ce qu'avait appris le chat de l'appartement et ce qu'il raconta.

« Voici l'objet souhaité ! dit notre jeune montagnard en entrant chez le meunier de Bex ; et il plaça à terre une grande corbeille dont il enleva le mouchoir qui la recouvrait. Deux yeux jaunes bordés de

noir luisaient, farouches, faisant jaillir des
étincelles, comme s'ils eussent voulu brû-
ler et mordre là où ils regardaient ; le bec
court et fort était ouvert pour dévorei ; le
cou était rouge et garni des tuyaux d'un
plumage naissant.

« L'aiglon ! » s'écria le meunier. Babette
poussa un cri et recula, mais sans pouvoir
détacher ses yeux ni de Rudy ni de l'oiseau.

« Tu ne te laisses pas rebuter ! dit le
meunier.

« Et vous tenez toujours votre parole,
vous ! dit Rudy ; chacun son caractère !

« Mais comment ne t'es-tu pas cassé le
cou ?

« Parce que j'ai tenu ferme ! et c'est ce
que je fais encore ! Je tiens ferme Babette !

« Regarde d'abord un peu si tu l'as ! dit
le meunier en riant, ce qui était bon signe,
comme savait Babette.

« Il faut le retirer de la corbeille ; —
c'est à vous faire devenir enragé que la
façon dont il vous regarde. Mais comment
as-tu pu te le procurer ? »

Et Rudy se mit à raconter son expédi-
tion, et le meunier ouvrait de grands
yeux.

« Avec ton courage et ta chance tu peux
nourrir trois femmes, dit le meunier.

« Je vous remercie ! repartit Rudy.

« Il est vrai que tu n'as pas encore Babette ! dit le meunier, et il frappa en plai-
santant sur l'épaule du jeune montagnard.

« —Sais-tu les nouvelles toutes fraîches

du moulin? dit le chat de l'appartement au chat de la cuisine. Rudy nous a apporté l'aiglon et il prend en échange Babette. Ils se sont embrassés et ne se sont pas cachés du vieux ! Cela vaut des fiançailles ; le vieux avait des façons polies, il avait retiré ses griffes ; il fit sa petite méridienne et laissa les amoureux assis, frétiller de la queue ; ils en ont si long à se dire qu'ils n'auront pas fini à Noël ! »

Ils n'eurent pas non plus fini à Noël. Le vent faisait tournoyer les feuilles mortes, la neige tombait à flocons dans la vallée comme sur les hauteurs ; la Fille de glace trônait dans son orgueilleux palais, qui prend en hiver des proportions encore plus grandes ; les parois des rochers étaient couvertes de verglas, des stalactites de glace épaisses comme des arbres, lourdes comme des éléphants, pendaient là où en été le torrent projette sa poussière humide ; d'éclatantes guirlandes de cristaux aux formes fantastiques couraient parmi les sapins poudrés de frimas. La Fille de glace cependant chevauchait sur le vent qui sifflait au-dessus des vallées les plus profondes. La neige avait étendu son blanc tapis jusqu'à Bex. La Fille de glace vint en ce lieu et vit Rudy installé au moulin ; il restait cet hiver-là à la chambre plus qu'il n'avait coutume, et il était auprès de Babette. Le mariage devait avoir lieu l'été prochain ; les oreilles lui tintaient souvent, tant ses amis s'entretenaient sur son compte. Un beau soleil bril-

lait au moulin, la plus belle rose des Alpes
l'embrasait de ses feux, la joyeuse, la
rieuse Babette, gracieuse comme le printemps à venir, comme le printemps qui
convie les oiseaux à chanter et l'amour et
l'été.

« Comme ils sont toujours ensemble,
toujours l'un près de l'autre ! dit le chat
de l'appartement ; mais pour aujourd'hui
j'ai suffisamment miaulé ! »

IX

La Fille de glace.

Le printemps avait déroulé ses vertes
et luxuriantes guirlandes de châtaigniers
et de noyers, et la séve enflait les rameaux
de ceux qui du Pont-de-Saint-Maurice s'é-
tendent jusqu'au rivage du lac de Genève
et bordent le Rhône, qui précipite sa course
impétueuse depuis sa sortie du vert glacier où la Fille de glace a son palais et
d'où elle se fait transporter par le vent rapide sur les champs de neige les plus élevés, pour s'étendre là pendant les plus
fortes chaleurs sur des coussins de frimas ;
de ce séjour elle plongeait sa vue perçante
en bas dans les vallées profondes, où les
hommes vont et viennent et s'empressent
avec activité comme des fourmis sur les
roches que le soleil échauffe.

« Génies, forces intelligentes, comme vous appellent les Filles du soleil, insectes que vous êtes! Qu'une boule de neige vienne à tomber, et vous, vos maisons, vos villes, vous êtes écrasés, anéantis!» Et la Fille de glace releva son front superbe et lança au loin et dans les profondeurs ses regards meurtriers. Mais un roulement montait de la vallée.... des rochers avaient sauté; prodigieux ouvrage des hommes! des routes et des tunnels s'étaient ouverts à des voies ferrées.

« Ils contrefont les taupes! disait la Fille de glace, ils creusent des chemins sous terre et de là vient ce vacarme pareil à une détonation de fusil; moi, quand je déplace mes châteaux de glace, c'est un bruit plus fort que le fracas du tonnerre!»

Une fumée monta de la vallée, qui ondulait comme un voile léger; c'était le panache flottant d'une locomotive qui entraînait sur le chemin de fer nouvellement ouvert un convoi, serpent qui se tord et dont les anneaux sont les wagons attachés les uns aux autres. Le train passa rapide comme la flèche.

« Vous vous érigez en maîtresses, là en bas, Forces intelligentes! dit encore la Fille de glace; les vraies maîtresses sont pourtant les Forces de la Nature!» et elle se mit à ricaner, à chanter, et la vallée en retentit.

« C'est une avalanche qui roule!» dirent les hommes!»

Mais les Filles du soleil entonnèrent un

chant sonore qui célébrait la pensée humaine, qui commande aux éléments, dompte la mer, déplace les montagnes, comble les vallées ; la pensée humaine qui a pouvoir sur les Forces de la Nature. Cependant sur le champ de neige où était couchée la Fille de glace, une troupe de voyageurs apparut : les hommes s'étaient attachés les uns aux autres avec des cordeaux afin de former un seul corps sur la surface lisse de la glace et pouvoir affronter plus sûrement les précipices.

« Vermisseaux ! dit la Fille de glace, vous les maîtres des Forces de la Nature ! Et elle se détourna de la troupe et regarda ironiquement dans la vallée où le convoi du chemin de fer faisait entendre son bruit.

« Les voilà donc, ces Pensées humaines ! les voilà au pouvoir des Forces de la Nature ! Je les vois toutes ensemble et chacune individuellement ! l'une trône seule comme une reine ! Ici, elles sont en pelote ! là, la moitié est endormie. Quand le Dragon de feu approche, elles sortent de chez elles et se mettent en route ! Les Pensées humaines se répandent dans le monde ! et elle rit aux éclats.

« — Voici l'avalanche qui roule de nouveau ! dirent les hommes dans la vallée.

« — Elle ne nous atteindra pas ! dirent deux voyageurs assis sur la croupe du Dragon de feu, — deux cœurs, un battement, — comme on dit : c'étaient Rudy et Babette, et le meunier était aussi avec eux.

« — Comme bagage ! disait-il : je ne suis là que l'accessoire obligé !

« — Les voilà donc assis là tous deux ! dit la Fille de glace. Moi qui ai écrasé tant de chamois, qui ai brisé des millions de roses des Alpes sans épargner les racines, je veux vous anéantir, vous, les Pensées humaines, vous, les Forces intelligentes ! Et elle éclata de rire de nouveau.

« — L'avalanche roule encore ! » disaient les hommes dans la vallée.

X

La marraine.

A Montreux, une des villes qui, avec Clarens, Berney et Crin, se groupent au nord du lac de Genève, habitait la marraine de Babette, dame anglaise de haut rang, avec ses filles et un jeune parent ; ils n'étaient arrivés que depuis peu, mais le meunier leur avait déjà rendu visite, parlé des fiançailles de Babette, de Rudy, de l'aiglon, et de leur voyage à Interlaken, bref, il leur avait raconté toute l'histoire, et la dame s'en était beaucoup réjouie, et s'intéressait fort à Rudy, à Babette et au meunier aussi ; elle fit promettre que tous trois feraient le trajet, et ils n'y manquèrent pas. Babette allait donc voir sa marraine et la marraine allait voir Babette.

A Villeneuve, à l'extrémité du lac de

Genève, on prenait le bateau à vapeur,
qui en une demi-heure de traversée aborde
à Berney, qui est juste au pied de Montreux. Ces bords ont été chantés par les
poètes : ici, sous les noyers, sur la rive du
lac profond aux ondes d'un vert bleuâtre,
s'est assis Byron et il a tracé là ses vers
mélodieux sur le Prisonnier du sombre
château de Chillon ; là, où Clarens mire
ses saules pleureurs dans le lac, errait
Jean-Jacques, rêvant d'Héloïse. Le Rhône
en cet endroit précipite ses flots au pied
des pics neigeux de la Savoie ; là, non loin
de son embouchure, apparaît dans le lac
un îlot, si petit que du rivage il semble un
bateau ; c'est un rocher que depuis environ
un siècle une dame a fait entourer d'une
digue, garnir de terre et planter de trois
acacias, qui couvrent aujourd'hui l'îlot entier de leur ombre. Babette était dans le
ravissement, et cet îlot lui semblait ce
qu'elle avait vu de plus beau dans la traversée ; il faudrait, pensait-elle, y aborder;
le coup d'œil doit y être admirable ; mais
le bateau à vapeur passa outre pour ne
s'arrêter qu'à Berney.

La petite société partit de là et chemina
entre les murailles blanches et éclairées
par le soleil entourant les jardins vignobles
qui se trouvent aux abords de la petite
ville de Montreux, et où les maisons des
paysans sont ombragées de figuiers, de
lauriers, de cyprès. A mi-côte, était l'au-
berge où résidait la marraine.

L'accueil fut cordial. La marraine était

une grande et aimable personne au visage
rond et souriant ; dans son enfance, elle
avait eu certainement une vraie tête d'ange
de Raphaël, mais alors ce n'était plus
qu'une tête d'ange vieillie, qu'encadrait
une abondante chevelure blanche. Ses
filles étaient de grandes, maigres, pâles et
délicates demoiselles. Le jeune cousin qui
les accompagnait était vêtu de blanc de
la tête aux pieds, sa chevelure était dorée
et ses favoris de même nuance étaient si
fournis qu'il aurait pu les partager avec
trois gentlemen ; Babette fut de suite l'objet de ses plus vives attentions.

Des livres richement reliés, des cahiers
de musique et des dessins étaient épars sur
la grande table ; la fenêtre du balcon était
ouverte, et l'on découvrait de là l'immensité du beau lac, qui était si blanc et si
calme que les montagnes de la Savoie,
avec les villes, les forêts et les cimes neigeuses, y reflétaient leur image renversée.

Rudy, tout plein d'assurance, de gaîté,
de vivacité qu'il était, se sentit mal à l'aise
en ce séjour ; il s'agitait comme s'il eût
marché sur des pois. Le temps lui paraissait long, lent, comme à celui qui fait
tourner la roue d'un moulin en marchant à
l'intérieur. Et maintenant il fallait aller à
la promenade ! cela lui parut fastidieux :
il aurait pu faire deux pas en avant et un
en arrière pour rester avec la compagnie.
Ils firent une excursion à Chillon, cet antique et sinistre château bâti sur une île
de granit, afin de voir les instruments du

martyre, le cachot où les prisonniers
mouraient, les chaînes rouillées dans la
muraille, les lits de pierre pour les con-
damnés à mort, les trappes par où l'on
poussait les infortunés, qui tombaient
transpercés sur des pointes de fer. On appelait plaisir le spectacle de semblables
objets; c'était un lieu de supplice consa-
cré dans le monde poétique par le chant
de lord Byron; mais Rudy n'y voyait, n'y
sentait qu'un lieu de supplice; il s'appuya
à l'une des grandes fenêtres de pierre garnies de barreaux de fer, et regarda au
fond de l'eau bleuâtre, puis vers la petite
île aux trois acacias, et il eût voulu être là,
délivré de toute cette société bavarde;
mais Babette était montée sur un ton
extraordinaire de gaîté, elle affirma s'être
délicieusement amusée, et que le cousin
était en tout point parfait.

« Oui, un fat parfait! » dit Rudy; et ce
fut la première fois qu'il dit quelque chose
qui déplut à Babette. L'Anglais avait fait
à celle-ci cadeau d'un petit livre comme
souvenir de Chillon (1) : c'était le poème
de Byron. « Le prisonnier de Chillon »

(1) Chillon, dit V. Hugo, est un bloc de tours posé
sur un bloc de rochers, Tout le château est des XIIe et
XIIIe siècles; quoique entouré d'eau, il jouit d'une séche-
resse remarquable, et il n'est pas étonnant qu'il serve
aujourd'hui d'arsenal et de poudrière au canton de
Vaud. Le célèbre patriote genevois Bonnivard y a été
détenu enchaîné pendant six ans par le duc de Savoie
(1530), et n'a été délivré, avec cinq autres prisonniers,
que lors de la prise du canton de Vaud par les Bernois.
Lord Byron a visité en 1816 ce sinistre monument.

traduit en français pour que Babette pût
le lire.

« Le livre peut être bon, dit le jeune
montagnard, mais le dandy bien peigné
qui te l'a donné ne me revient pas ! »

« Il me produit l'effet d'un sac de farine
sans rien dedans ! » disait à son tour le
meunier, et il riait de sa propre plaisanterie ; Rudy riait de même et disait que c'é-
tait bien là son portrait.

XI

Le Cousin.

Quand Rudy vint à quelques jours de là
faire visite au moulin, il y trouva le jeune
Anglais; Babette se disposait justement à
lui servir du saumon grillé, que très-cer-
tainement elle avait préparé elle-même
avec du persil, afin de le rendre plus appé-
tissant; mais c'était une attention super-
flue. Que voulait l'Anglais en ce lieu, qu'y
venait-il faire? se faire traiter et régaler
par Babette ? — Rudy laissa percer sa ja-
lousie, et cela faisait la joie de Babette ;
elle avait du plaisir à connaître tous les côtés de son cœur, les côtés faibles comme
les côtés forts. L'amour n'était encore
pour elle qu'un jeu, et elle jouait avec le
cœur de notre Rudy, et cependant, nous
avons dû le dire déjà, Rudy était son bon-

heur, sa vie, sa pensée constante, son
meilleur, son plus magnifique trésor en ce
monde; mais plus son regard s'assombris-
sait, plus elle souriait ; elle eût embrassé
le blond Anglais aux favoris rouges, si elle
avait su par là rendre fou Rudy et lui faire
prendre la fuite : à cela elle eût reconnu
de quelle force il l'aimait. Cette conduite
n'était pas bien de la part de Babette,
mais elle n'avait que dix-neuf ans à peine.
Elle ne réfléchissait pas, et encore moins
songeait-elle que sa manière d'agir pouvait
être interprétée différemment et avec plus
de légèreté par le jeune Anglais qu'il ne
convenait à la fille honnête et fiancée du
meunier.

Le moulin était situé à l'endroit où la
route de Bex passe au pied de rocs élevés,
recouverts de neige, appelés dans la langue du pays, les Diablerets, non loin d'une
cascade impétueuse, dont l'eau d'un gris
cendré semble de l'eau de savon battue; ce
n'était pas elle toutefois qui faisait tourner le
moulin, c'était un moindre torrent qui faisait
marcher la roue ; il se précipitait des rochers de l'autre côté du fleuve , où on lui
avait opposé une digue de pierre afin d'en
accroître la force, puis il était reçu dans
un bassin fait de madriers, qui se déchar-
geait dans un large canal passant par
dessus le fleuve rapide. Ce canal était si
plein qu'il débordait et rendait le chemin
mouillé et glissant pour celui qui avait l'i-
dée de prendre au plus court pour arriver
au moulin, comme ce fut justement le cas

du jeune Anglais. Vêtu de blanc, comme
un garçon meunier, il était venu le soir
par cette route difficile, guidé par la lumière qui brillait à la fenêtre de la chambre de Babette ; mais il n'avait point appris à grimper, et il avait été tout près de
tomber, la tête la première, dans le torrent ; toutefois il s'était tiré de là avec ses
manches trempées et son pantalon plein
d'éclaboussures et de fange, et c'est dans
cet état qu'il parvint sous la fenêtre de
Babette : là, il monta sur un vieux tilleul
et se mit à pousser le cri de la chouette,
dans l'impossibilité où il était de rendre
celui d'un autre oiseau. Babette l'entendit
et regarda dehors à travers l'épais rideau
de sa croisée ; mais comme elle vit un
homme blanc et qu'elle ne pouvait s'ima-
giner qui ce pouvait être, le cœur lui battit de frayeur et de colère aussi. Elle éteignit précipitamment la lumière, s'assura
si les barres des autres croisées étaient
poussées, et laissa l'inconnu gémir et faire
la chouette tant qu'il voulait.

C'eût été affreux si Rudy se fût trouvé
en ce moment au moulin ! — Mais Rudy
n'y était pas, non, — chose pire encore, il
se trouvait justement sous le tilleul. Un
bruit de voix s'éleva, des paroles de colère
furent échangées : ce pouvait être une bat-
terie, peut-être quelque coup mortel allait
être porté... Babette, pleine d'effroi, ouvrit la fenêtre, appela Rudy par son nom,
le pria de s'en aller, lui dit qu'elle ne souf-
frirait pas qu'il restât.

« Tu ne peux souffrir que je reste ! s'é-
cria-t-il ; c'est donc une chose concertée
d'avance ! honte à toi, Babette !

« Tu es un homme épouvantable ! dit
Babette ; je te déteste ! Et elle fondit en
larmes: — Va-t-en ! va-t-en ! lui cria-t-
elle.

« Je n'ai point mérité ce traitement ! »
dit-il, en se retirant, les joues enflammées,
le cœur en feu.

Babette se jeta sur son lit et répandit
d'abondantes larmes.

« Faut-il t'aimer comme je t'aime, Rudy. et que tu aies d'aussi mauvaises pensées sur mon compte ! »

Puis elle éclata de colère, et cette crise
lui fut salutaire, car autrement elle se serait trop désolée ; après, elle put s'assoupir
et elle dormit de ce sommeil profond et
réparateur de la jeunesse.

XII

Mauvaises influences.

Rudy quitta Bex, reprit le chemin de
chez lui, et en franchissant les montagnes,
il respira l'air glacé de la neige aux lieux
où commande la fille de glace. Le feuillage des arbres était au-dessous de lui et
lui paraissait comme des pampres de
pommes de terre ; les sapins, les buissons

lui semblaient bien petits à la distance où il était ; les roses des Alpes s'épanouissaient près de la neige, qui formait des bandes isolées, comme des morceaux de toile qu'on étend pour blanchir : une gentiane bleue était sur son chemin, et il la brisa de la crosse de son fusil.

Sur un sommet, se montrèrent deux chamois ; les yeux de Rudy s'allumèrent; ses pensées prirent une nouvelle direction, mais la proie n'était pas assez rapprochée pour tirer sûrement ; il monta un peu plus haut, là où ne croissait qu'un rude gazon parmi des blocs de pierre ; les chamois gagnèrent tranquillement le champ de neige; Rudy précipita sa marche ; un nuage de brouillard s'abaissa en cet instant et l'enveloppa de ténèbres ; tout à coup il se trouva en face d'un roc abrupt; la pluie commença à tomber à torrent.

Notre voyageur se sentit dévoré d'une soif ardente, la tête lui brûlait et le froid envahissait tous ses membres ; il saisit sa gourde, mais elle était vide ; il n'avait pas songé à la remplir lorsqu'il s'était élancé sur la montagne. Rudy n'avait jamais été malade jusqu'alors, mais en ce moment il éprouvait l'atteinte du mal : il ressentait une lassitude extrême, le besoin impérieux de se coucher à terre et de dormir ; mais la pluie ne diminuait pas ; il essaya de rassembler toutes ses forces ; les objets vacillaient et dansaient étrangement à ses yeux : soudain il aperçut une maison basse qu'il n'avait jamais vue adossée au rocher;

sur le seuil se tenait une jeune fille ; il lui sembla un moment que c'était Annette, la fille du maître d'école, qu'il avait embrassée un jour à la danse ; mais ce n'était pas Annette, et pourtant il connaissait cette jeune fille, peut-être l'avait-il vue à Grindelwald, ce soir où il revenait de la fête du tir à Interlaken.

« Comment te trouves-tu ici ? lui demanda-t-il.

« Je suis ici chez moi ; je garde mon troupeau.

« Ton troupeau ? où paît-il donc ? il n'y a en ce lieu que de la neige et des rochers !

« Tu n'es guères au courant du pays ! dit la jeune fille en riant. Là, derrière nous, se trouvent de magnifiques pâturages, où les chèvres vont paître. Je les garde avec soin, mes chèvres, je n'en perds jamais, ce qui est à moi ne m'échappe point !

« Tu as de la fermeté ! dit le jeune montagnard.

« Et toi de même ! répliqua la bergère.

« Si tu as du lait chez toi, donne-m'en à boire, j'ai une soif insupportable.

« J'ai mieux que du lait à t'offrir, et je vais te le donner. Hier, des voyageurs ont passé par ici avec leur guide, et ils oublièrent une demi-bouteille de vin, du vin comme tu n'en as jamais goûté ; ils ne reviendront pas le chercher, et quant à moi, je ne le boirai pas. »

Et la jeune fille alla chercher le vin, le

versa dans une tasse de bois qu'elle tendit au jeune montagnard.

« C'est bon, dit-il ; je n'ai jamais bu de vin aussi chaud, aussi ardent ! Et ses yeux étincelaient, une nouvelle vie, une vie de feu circulait en lui, et faisait évanouir tout souci, toute impression pénible ; c'était une fermentation, un bouillonnement dans tout son être.

« N'es-tu pas Annette ? s'écria-t-il ; donne-moi un baiser !

« Oui, si tu me donnes le bel anneau que tu as au doigt !

« Mon anneau de fiancé ?

« Oui, celui-là même ! » dit la jeune fille, et elle lui versa de nouveau du vin dans la tasse, qu'il porta à ses lèvres et but d'un trait. Il se sentit comme inondé du bonheur de vivre, le monde lui appartenait ! Pourquoi s'attrister ! Tout a été créé pour notre jouissance, pour notre joie ! Le torrent de la vie est un torrent de joie ; se laisser soulever, emporter par lui, c'est la félicité. Il contempla la jeune fille ; c'était Annette, et pourtant ce n'était pas elle, encore moins était-ce le fantôme, le lutin, comme il l'appelait, qu'il avait rencontré à Grindelwald ; la jeune fille qui était là sur la montagne était fraîche, épanouie comme les roses des Alpes, alerte et vive comme les chèvres ; toutefois elle était issue de la côte d'Adam comme Rudy lui-même. Et il entoura sa taille de son bras et regarda dans ses yeux d'une limpidité étrange ; ce regard ne dura qu'une seconde, et dans

cette seconde, oh ! qui peut rendre par des
mots tout ce qu'il vit? Était-ce la vie de
l'âme qui s'éveillait en lui, ou une sensation de mort qu'il éprouvait ; était-il ravi
en haut, ou bien descendait-il toujours,
toujours p'us dans le funèbre abîme de
glace? Les parois du glacier lui appa-
raissaient comme d'un cristal bleuâtre,
des gouffres sans nombre l'environnaient
béants, et l'eau en bas, transparente comme
des perles, réfléchissant l'éclat de flammes
glauques, s'échappait avec un bruit pareil à une sonnerie de cloches ; la F.lle de
glace lui donna un baiser, un baiser qui le
fit frissonner de la nuque au front ; la souffrance lui arracha un cri, il se détacha
violemment, chancela puis tomba, — les
ténèbres se firent, et il ferma les paupières,
mais il les rouvrit. Les mauvaises influences avaient accompli leur œuvre.

La bergère des Alpes était disparue, disparue la cabane qui l'abritait ; l'eau ruisselait au pied des parois nues des rochers,
la neige était partout ; Rudy tremblait de
froid, il était trempé jusqu'à la peau, et il
n'avait plus son anneau, son anneau de
fiançailles, l'anneau que lui avait donné
Babette. Son fusil reposait dans la neige à
côté de lui, il le souleva, voulut le faire
partir et n'y parvint pas. Des nuages humides descendaient comme des masses solides de neige dans l'abîme ; le Vertige
était là aussi et guettait sa proie défail-
lante, et au fond du gouffre un bruit retentit comme si un bloc de rocher s'écrou-

lait, brisant, fracassant, entraînant tout ce
qui s'opposait à sa chute.

Cependant au moulin, Babette était assise tout en pleurs ; Rudy n'y était pas venu depuis six jours, Rudy qui était dans
son tort, Rudy qui avait à implorer son
pardon, Rudy qu'elle aimait de tout son
cœur.

XIII

Au Moulin.

« Quel être est-ce donc que l'homme !
disait le chat de l'appartement au chat de
la cuisine. Les voilà maintenant séparés de
nouveau, Babette et Rudy. Elle pleure, et
lui ne songe peut-être plus à elle.

« Cela ne me va pas ! dit le chat de la
cuisine.

« Ni à moi ! reprit l'autre ; mais je ne
veux pas prendre les choses trop à cœur.
Babette peut fort bien être fiancée avec la
barbe rouge ; mais lui non plus n'a pas re-
mis les pieds ici depuis cette fois qu'il
voulait grimper sur le toit. »

De mauvaises influences agissent autour
de nous et en nous ; Rudy l'avait entendu
dire et il y avait beaucoup réfléchi ; qu'é-
tait-ce donc que ce qui s'était produit autour de lui et en lui là-haut sur la montagne ? Étaient-ce des spectres ou des
hallucinations fiévreuses ? Mais il n'avait

connu jusqu'alors ni la fièvre ni aucune autre maladie. Quoi qu'il en fût, il avait toujours un regard tourné en lui-même lorsqu'il voulait juger Babette. Il avait livré un combat sauvage en son propre cœur au Fôhn brûlant qui s'y était amoncelé. Pourrait-il aussi tout avouer, confesser toutes les pensées qui au moment de la tentation auraient pu devenir des réalités ? Il avait perdu son anneau ; mais c'était précisément cette perte qui l'avait fait revenir à Babette. — Pourrait-elle tout lui avouer à son tour ? Il lui semblait que son cœur allait éclater lorsqu'il songeait à elle ; que de souvenirs lui revenaient ! Il la voyait comme si elle était réellement devant lui, et elle lui souriait, l'espiègle et folâtre enfant ; mainte tendre parole qui avait débordé de son cœur pénétrait alors en sa poitrine comme des rayons de soleil, et elle ne tardait pas à s'illuminer tout entière quand il songeait ainsi à Babette.

Oh ! elle pouvait, elle devait lui tout avouer.

Il se rendit donc au moulin ; on en vint aux aveux, ils commencèrent par un baiser et se terminèrent par la reconnaissance que Rudy était le pêcheur ; c'était une faute bien grave que d'avoir pu douter que Babette fût fidèle, c'était tout simplement abominable de sa part. Une telle défiance, un tel emportement pouvaient les plonger tous deux dans le malheur ; oui, certainement ils le pouvaient ! Et c'est pourquoi Babette lui fit un petit sermon qui l'amusa elle-même et qui lui allait le mieux du monde ; toutefois en un point Rudy avait raison : le neveu de la marraine de Babette était un fat ; et e voulait jeter au feu le livre dont il lui avait fait présent, elle ne voulait pas garder la moindre chose qui le lui rappelât.

« Les choses sont maintenant remises ! dit le chat de l'appartement ; Rudy vient de nouveau ici, ils s'entendent bien et ils goûtent, disent-ils, le plus parfait bonheur.

« J'entendais, cette nuit, reprit le chat de la cuisine, les rats dire que le plus grand bonheur est de manger de la chandelle et d'avoir du lard rance à foison : Qui croire des rats ou des amoureux ?

« Ni les uns ni les autres, dit le chat d'appartement, c'est le plus certain ! »

Le plus grand bonheur de Babette et de Rudy, leur plus beau jour, comme ils disaient, le jour de leur union approchait.

Ce n'était pas à l'église de Bex pourtant ni au moulin que devait être célébré leur mariage ; la marraine désira qu'il eût lieu chez elle et que la cérémonie se fît dans la charmante petite église de Montreux. Le meunier adhéra à l'accomplissement de ce désir ; lui seul savait ce que la marraine réservait aux nouveaux mariés ; ils devaient recevoir d'elle un cadeau de noces proportionné à la condescendance qu'on montrerait pour ses volontés. Le jour était déjà arrêté. On se proposait d'aller à Villeneuve la veille au soir et de faire

le lendemain le trajet de Montreux d'assez
bonne heure pour que les demoiselles de
la marraine pussent parer la fiancée.

« Il y aura peut-être bien pourtant aussi
un repas de noces à la maison ! dit le
chat de l'appartement, sinon je ne don-
nerais pas un miaou de toute cette histoire !

« On doit festoyer d'abord ici ! répondit
le chat de la cuisine ; on a égorgé des canards, des pigeons, et un chevreuil entier
est pendu à la muraille. Les gencives me
démangent rien que d'y songer ! C'est demain que l'on part ! »

Oui, demain !... Ce soir là Rudy et Babette s'asseyaient comme fiancés pour la
dernière fois à la table du moulin.

Dehors les Alpes étaient en feu, les
cloches du soir tintaient dans les airs, les
Filles du soleil chantaient en chœur :
« Que tout le bonheur possible leur ad-
vienne ! »

XIV

Visions nocturnes

Le soleil était couché, les nuages s'a-
baissaient entre les hautes montagnes dans
la vallée du Rhône, le vent soufflait du
midi, un vent d'Afrique, le Fœhn passait
sur les sommets des Alpes et déchirait les

nuages, et lorsque le vent eut passé, un calme absolu régna un moment, les nuages en lambeaux présentaient des images fantastiques parmi les hautes chaînes de montagnes boisées, au-dessus des flots précipités du Rhône : on eût dit des monstres marins du monde primitif, des aigles planant dans l'air, des grenouilles sautant des marécages ; ils descendaient dans le torrent impétueux, voguaient sur les ondes, tandis que c'était dans l'air qu'ils planaient. Le torrent emportait dans sa course un sapin déraciné qui faisait tourbillonner l'eau devant lui ; c'était le Vertige ou plutôt la troupe des Vertiges qui tournoyait dans le torrent mugissant. La lune éclairait la neige sur les sommets des montagnes, les sombres forêts et les nuages d'une blancheur merveilleuse, et prêtait son éclat encore aux fantômes de la nuit, aux gnomes et à tous les génies de la Nature. L'habitant de la montagne les apercevait à travers la vitre de sa fenêtre ; ils voguaient en troupe là-bas au loin et précédaient la Fille de glace ; celle-ci sortait de son palais, prenait place sur son frêle esquif, sur le sapin déraciné, et l'eau du glacier la portait jusqu'au lac.

« Voici venir les invités de la noce ! » dit-elle, et ses accents retentirent dans les airs et sur les eaux.

Partout des fantômes, au dehors et au dedans ! Babette était le jouet d'un rêve étrange. Il lui semblait qu'elle était mariée avec Rudy et cela depuis plusieurs années ;

il était à chasser les chamois, et elle à la maison, et là vint s'asseoir près d'elle le jeune Anglais à la barbe dorée ; ses regards étaient si éloquents, ses expressions si persuasives qu'alors qu'il lui tendit la main elle fut contrainte de le suivre. Ils s'éloignèrent ensemble de la maison, et ils descendaient toujours ! et il semblait à Babette qu'elle avait un poids sur le cœur qui devenait sans cesse plus lourd, c'était le poids de sa faute envers Rudy, de son péché envers Dieu : et tout à coup voilà qu'elle se trouvait abandonnée, son vêtement était déchiré par les épines, sa chevelure avait blanchi ; dans sa douleur, elle levait les yeux, et sur le bord d'un rocher elle aperçut Rudy ; — elle étendit les bras vers lui, sans oser l'appeler ni l'implorer, et cela d'ailleurs ne lui eût servi de rien, car elle découvrit bientôt que ce n'était point Rudy, mais seulement son habit de chasse et son chapeau accrochés au bâton ferré que les chasseurs plantent ainsi pour dépister les chamois. En sa peine infinie, Babette poussait des gémissements : « Oh! que ne suis-je morte le jour de mon mariage, le jour le plus heureux de ma vie ! O mon Dieu ! c'eût été une grâce, un bonheur bien grand ! C'eût été la meilleure chose qui aurait pu nous arriver à Rudy et à moi ! Nul ne sait sa destinée ! » Et en son angoisse, abandonnée de Dieu, elle se précipitait dans un gouffre : une corde se rompit, un accent lugubre résonnal...

Babette s'éveilla, son rêve était fini, effa-

cé, mais elle savait qu'elle avait eu un
rêve affreux, que le jeune Anglais lui était
apparu, lui qu'elle n'avait pas vu depuis
plusieurs mois et auquel elle ne songeait
plus. Serait-il par hasard à Montreux ? le
verrait-elle donc à son mariage ? une ombre légère passa sur sa bouche mignonne,
ses sourcils se plissèrent ; mais bientôt ses
lèvres sourirent et de ses yeux jaillit un
rayon de bonheur, et au dehors le soleil
se montrait si beau, et c'était demain le
jour de son mariage avec Rudy.

Rudy se trouvait déjà dans la salle à
manger quand Babette entra, et bientôt on
fut en route pour Villeneuve. Tous deux
ressentaient une félicité infinie, et le meunier de même était si aise qu'il riait et
rayonnait de bonne humeur : c'était un
bon père et une âme honnête.

« Désormais nous sommes les maîtres
du logis ! » dit le chat de l'appartement.

XV

Conclusion.

Le soir n'était pas encore venu que nos
trois heureux voyageurs arrivèrent à Villeneuve et y prirent leur repas. Le meunier
s'assit dans un fauteuil, fuma sa pipe et
fit ensuite un petit somme. Les jeunes fiancés sortirent bras dessous bras dessus de

la ville, suivirent la grande route bordée
de rochers recouverts de buissons et qui
côtoyait le lac profond aux flots bleuâtres.
Le sombre Chillon mirait ses grises murailles et ses tours massives dans l'onde
limpide ; on voyait à peu de distance la
petite île aux trois acacias, qui semblait
un bouquet sur le lac.

Ce doit être là-bas un spectacle enchan-
teur ! dit Babette, en montrant de nouveau
le plus vif désir de se rendre en l'îlot ; ce
souhait pouvait être accompli immédiatement : une nacelle était au rivage, et l'a-
marre qui la retenait était facile à délier.
On ne voyait personne à qui demander la
permission de se servir du bateau, et sans
plus tarder Rudy s'empara de la nacelle
dont il s'entendait à manier les rames. Pa-
reilles à des nageoires elles fendirent l'eau
si souple et cependant si forte, l'eau qui a
un dos pour porter et une gueule pour dé-
vorer, qui prodigue de douces caresses,
vous porte à l'abandon tout en vous inspi-
rant l'effroi, car elle peut vous écraser. La
barque traçait derrière elle un sillage plein
d'écume ; en peu de minutes elle aborda
dans l'île avec ses deux passagers, qui se
dirigèrent vers le site planté d'arbres. Il
n'y avait place là que pour un couple de
danseurs, pas davantage.

Rudy fit tourner deux, trois fois Babette
en rond, puis ils s'assirent la main dans la
main sur le petit banc qui était au pied
d'un des acacias, et ils se regardèrent,
ce pendant qu'à l'entour le paysage s'illu-

minait des feux du soleil couchant. Les sa-
pinières prenaient une couleur lilas, comme
la bruyère en fleurs, et là où il n'y avait
pas d'arbre, là où le roc apparaissait, il
flamboyait comme s'il eût été transparent;
les nuages au ciel étaient rouges comme
du feu, toute la surface du lac avait une
teinte fraîche et empourprée comme des
feuilles de roses. Insensiblement les ombres
envahirent les pics neigeux de la Savoie
et les teignirent d'un bleu foncé, tandis
que les sommets continuaient d'étinceler
comme de la lave ardente, et un moment
ils se détachèrent de l'ensemble de la montagne comme des masses incandescentes
qui s'élèveraient au-dessus du sein de la
terre et ne seraient pas encore refroidies.
Babette et Rudy croyaient n'avoir pas encore assisté à un pareil embrasement des
Alpes. La Dent du Midi avec sa robe de
neige avait un éclat pareil à celui du dis-
que plein de la lune quand elle ne fait que
monter à l'horizon.

« Quelle magnificence ! quel bonheur est
le nôtre ! » disaient-ils tous deux. — La
terre n'a plus rien à me donner ! disait
Rudy ; une soirée comme celle-ci est une
vie entière ! Combien n'ai-je pas de fois
savouré mon bonheur comme je le ressens
aujourd'hui, et je me disais : Oh ! si tout finissait alors, tu aurais cependant vécu une
vie bien heureuse ! que le monde est beau !
— Et le jour prenait fin, mais un nouveau
se levait et il me paraissait plus bel encore !
Ô Babette, la bonté de Dieu est infinie ! »

« Mon cœur est inondé de bonheur ! »
disait-elle.

« Non, la terre ne peut me donner davantage ! » s'écriait le jeune homme.

Et les cloches du soir résonnaient des
montagnes de la Savoie et des montagnes
de la Suisse, et au couchant la sombre
chaîne du Jura apparaissait dans une lueur
d'or.

« Que Dieu te donne ce qu'il y a de plus
magnifique et de meilleur au monde ! »
disait Babette.

« Il me le donnera, reprenait Rudy ; demain je l'aurai ! demain tu seras à moi !
demain tu seras ma douce petite femme ! »

« La nacelle ! » s'écria tout à coup Babette.

La nacelle qui devait les ramener s'était
détachée et s'éloignait de l'île.

« Je vais la chercher ! » dit le jeune
homme ; il rejeta son habit, défit sa chaus-
sure, s'élança dans le lac et nagea vigoureusement vers la barque.

L'eau bleuâtre et limpide qui venait du
glacier de la montagne était froide et profonde. Rudy regarda un instant seulement
au fond de l'eau, et il crut voir comme un
anneau d'or étincelant qui roulait, — son
anneau de fiançailles qu'il avait perdu lui
revint à la pensée ; et l'anneau était plus
grand et décrivait un large cercle lumineux, et le glacier transparent brillait dans
sa circonférence ; il était environné de profonds abîmes béants, et l'eau qui y coulait
rendait un bruit pareil à une sonnerie de

cloches, et il en jaillissait des flammes glauques ; il vit en un fugitif instant plus de choses que nous n'en saurions dire en beaucoup de mots : de jeunes chasseurs et des jeunes filles, des hommes, des femmes qui étaient un jour tombés dans les gouffres du glacier, étaient là vivants, les yeux ouverts et le sourire sur les lèvres, et tout au fond on entendait le tintement des cloches de villes englouties; les fidèles étaient agenouillés sous la voûte de l'église, des glaçons figuraient les tuyaux de l'orgue et le torrent du rocher exécutait la symphonie; la Fille de glace était assise dans sa grotte claire et transparente ; elle se leva, s'avança vers Rudy, lui baisa les pieds, et il ressentit dans tous ses membres un frisson glacial, mortel, une commotion électrique, — glace et feu à la fois,— on ne sait distinguer laquelle de ces deux sensations vous apporte cet attouchement rapide.

« A moi ! à moi ! résonna t-il autour de lui et en lui. Je te donnai un baiser quand tu étais encore petit, je te baisai sur la bouche ! — Je te baise aujourd'hui les talons, tes orteils, tu m'appartiens tout entier ! »

Et le nageur disparut dans l'eau limpide et bleue.

Tout devint calme ; les cloches se turent, et leurs derniers tintements se perdirent avec l'éclat empourpré des nuages.

« Tu m'appartiens ! » résonna-t il dans les profondeurs; « tu m'appartiens ! » résonna-t-il en haut, dans l'immensité.

Quelles délices de quitter l'amour pour s'envoler vers l'amour, de quitter la terre pour s'envoler vers les cieux.

Une corde s'était rompue, un son mélancolique avait vibré, le baiser de glace de la mort triomphait de l'ê re périssable ; mais le prologue cessait pour faire place au drame de la vie ; le prélude bruyant se fondait en suave harmonie.

Appellerez-vous donc ceci une lugubre histoire ?

La pauvre Babette ! son angoisse fut inexprimable. La barque ne cessait de s'éloigner. Nul dans le pays ne savait que les deux fiancés fussent passés dans l'île. Les nuages s'abaissaient, le soir devenait plus sombre. Seule, désespérée, elle était là poussant des sanglots. Un orage se formait au-dessus d'elle, les éclairs se succédaient et mettaient en feu la chaîne du Jura, le pays suisse et la Savoie ; de tous côtés éclairs sur éclairs, un grondement puis aussitôt un autre grondement, et ce continuel roulement dura une minute. Les éclairs avaient parfois l'éclat du soleil, on distinguait chaque cep de vigne comme en plein midi, et de suite tout retombait dans les ténèbres ; c'étaient des anneaux, des entrelacements, des zigzags de feu, qui s'enfonçaient de tous côtés dans le lac, qui brillaient en tous sens, pendant que les échos augmentaient l'intensité du bruit. Dans le pays, on retirait les canots sur le rivage ; tous les êtres animés cherchaient un abri ! — et maintenant la pluie tombait à flots.

« Où donc Rudy et Babette peuvent-ils être par cet orage ? » disait le meunier.

Babette, les mains jointes, la tête penchée sur sa poitrine, était assise muette de douleur ; elle ne pleurait plus, elle ne poussait plus de sanglots.

« Au fond de l'eau ! disait-elle en elle-même, il est là au fond de l'eau comme autrefois dans le glacier ! »

Sa pensée lui retraçait le récit que lui avait fait Rudy du trépas de sa mère et de sa propre délivrance quand on l'avait retiré comme mort de l'abîme de glace. « La Fille de glace l'a repris ! »

Et un éclair brillait, aussi lumineux que l'éclat du soleil sur la neige. Babette se leva, le lac en ce moment se soulevait comme un glacier étincelant, la Fille de glace se tenait là, majestueuse avec un éclat glauque, et à ses pieds était étendu le cadavre de Rudy : « A moi ! » dit-elle, et soudain l'ombre se fit de tous côtés et l'onde mugit.

« O cruauté ! dit la voix lamentable de Babette. Pourquoi mourir quand se levait le jour de notre félicité ! ô Dieu, mon Dieu, éclaire mon intelligence ! éclaire mon cœur ! Je ne comprends pas tes voies ! Je sonde en vain les décrets de ta puissance et de ta sagesse ! »

Et Dieu darda un éclair dans son cœur. Un rayon de grâce, un éclair de réflexion, son rêve de la nuit précédente, comme s'il eût été animé, passa au travers d'elle ; les paroles qu'elle avait prononcées, son sou-

hait, lui revinrent, « que ce qui devait être
le plus salutaire à Rudy et à elle-même
s'accomplît. »

« Malheur à moi ! le germe du péché
était en mon cœur ! ce rêve présageait ma
vie à venir, et la trame devait s'en rompre
pour mon salut. Infortunée que je suis ! »

Elle était accroupie, gémissante dans la
nuit sombre, et au sein de ce profond silence les paroles de Rudy semblaient tin-
ter à ses oreilles, ses paroles suprêmes :
« La terre ne peut m'accorder davantage ! »
avait-il dit en cet endroit même ; ces accents avaient vibré dans la plénitude du
bonheur extrême, et voilà qu'ils vibraient
encore dans sa douleur extrême.

———

Des années ont passé. Le lac et ses rives
sourient ; les ceps offrent leurs grappes
gonflées de jus ; les bateaux à vapeur passent avec leurs bannières flottantes, les
bateaux de plaisance avec leurs voiles en-
flées rasent le miroir de l'onde comme de
blancs papillons ; le chemin de fer qui
passe à Chillon est ouvert et il conduit
jusqu'au fond du Rhônethal. A chaque sta-
tion, les étrangers montent, qui ont entre
les mains des livres de voyage reliés en
rouge, et qui lisent dedans ce qu'ils ont à
voir de curieux. Ils visitent Chillon, ils
voient de là sur le lac la petite île aux trois
acacias, et lisent dans leur guide du voya-

geur « qu'un couple de fiancés voguait là un soir de l'année 1856, que le jeune homme périt et que ce fut seulement le lendemain matin qu'on entendit du rivage les cris d'angoisse de la fiancée désolée. »

Mais le guide du voyageur ne raconte rien de la vie silencieuse de Babette auprès de son père, non pas au moulin, qui a maintenant d'autres habitants, mais dans une belle maison voisine du débarcadère, des fenêtres de laquelle ses regards s'étendent au-dessus des noyers vers les pics neigeux où naguère Rudy s'aventurait; elle contemple, le soir, l'embrasement des Alpes, où les Filles du soleil reposent en rond, et redisent le lied du voyageur à qui l'ouragan arracha le manteau et qui prit l'enveloppe mais non l'homme.

Ici une lueur rosée brille sur les monts couverts de neige, une lueur rosée brille dans tout cœur en qui cette pensée réside : « Dieu n'accomplit que ce qu'il sait le mieux convenir ! » Mais cela ne se révèle pas toujours à nous comme à Babette dans son rêve.

LE LIMAÇON ET LE ROSIER

Le jardin était entouré d'une haie de noiseliers, au-delà s'étendaient des prairies et des champs avec des vaches et des moutons ; au milieu du jardin s'élevait un pied de rosier en fleur ; au bas du rosier rampait un limaçon qui avait bien des choses en sa coquille, — il y était lui-même.

« Attendez que mon temps vienne ! disait-il, je ferai bien plus que de pousser des roses, porter des noisettes, ou donner du lait comme les vaches et les chèvres.

« Je m'attends à beaucoup de votre part lui répondit le rosier. Oserais-je vous demander à quelle époque vous produirez tout cela au jour ?

« Je prends mon temps ! répliqua le limaçon. Vous êtes si pressé toujours, vous ne laissez pas place au désir. »

L'année d'après le limaçon reposait au soleil à la même place environ au pied du rosier ; celui-ci poussait de nouveaux boutons et déplissait des roses toujours fraîches toujours nouvelles. Le limaçon se glissa à moitié hors de sa maison, déploya ses antennes, puis les fit rentrer.

« Tout me semble comme l'année passée, pas le moindre progrès ! Le rosier en reste à ses roses, il n'avance pas. »

L'été s'écoula, puis l'automne ; et le rosier donna des boutons et des roses jusqu'au moment où la neige tomba, jusqu'au moment où vint l'hiver stérile et brumeux ; le rosier pencha lors ses branches à terre, le limaçon s'enfonça dans son trou.

Une nouvelle année sourit : les roses se montrèrent, le limaçon de même.

« Vous voilà un bien vieux rosier ! dit le limaçon ; vous devriez faire en sorte de finir bientôt. Vous avez donné au monde tout ce qui était en vous ; cela avait-il quelque importance, c'est une question à laquelle je n'ai pas eu le loisir de songer ; mais ce qui est clair et évident, c'est que vous n'avez pas fait le plus petit effort pour votre développement intime, autrement vous eussiez produit tout autre chose. Pouvez-vous me répondre à cela ? Bientôt vous n'allez plus être qu'une tige de bois ! Comprenez-vous mes paroles ?

« Vous m'épouvantez ! dit le rosier. Je n'ai pas encore réfléchi à cela.

« Non, vous ne vous êtes jamais beaucoup adonné à la méditation ! Vous êtes-vous jamais rendu compte pourquoi vous fleurissiez, de la manière dont vous fleurissiez, comment et par quelle raison il n'en était pas différemment ?

« Non, dit encore le rosier. Je fleurissais joyeusement parce que je ne pouvais faire autrement. Le soleil paraissait et me réchauffait, l'air me rafraîchissait, je buvais la limpide rosée et la pluie qui donnent la vigueur aux plantes ; je respirais, je vivais ! Une force montait de la terre en moi, une force descendait d'en haut sur moi, je goûtais une félicité toujours nouvelle, toujours croissante, et c'est pourquoi je fleurissais sans cesse : c'était là ma vie, je ne pouvais la changer.

« Vous avez mené une existence bien commode ! dit le limaçon.

« En vérité ! Tout m'était donné, reprit le rosier ; vous avez, vous, reçu sans doute davantage ! Vous êtes un de ces êtres qui pensent, qui méditent profondément, un de ces êtres libéralement doués qui plongeront le monde dans la surprise !

« Je ne pénètre pas dans les profondeurs des choses, dit le limaçon. Le monde ne me va point ! Qu'ai-je à démêler avec le monde ? J'ai assez de m'occuper de moi et de méditer sur moi !

« Mais ne devons-nous pas tous ici-bas communiquer aux autres ce qu'il y a de meilleur en nous, offrir tout ce qui est en notre pouvoir ? — A vrai dire, je n'ai donné, moi, que des roses ! — Mais vous ? vous qui êtes si libéralement pourvu, qu'avez-vous donné au monde ? Que lui donnerez-vous ?

« Ce que je lui ai donné, ce que je lui donne ? — Je bave sur lui ! Il ne vaut rien !

Il ne me revient pas ! Vous produisez des
roses, vous ; mais, pour moi, vous ne pou-
vez rien davantage ! Les noisetiers pro-
duisent des noisettes, les vaches, les brebis donnent leur lait, ils ont tous leur
monde, j'ai le mien en moi-même ! Je
m'enfonce en moi et j'y reste. Le monde
ne me revient pas ! »

Et là-dessus, le limaçon rentra dans sa
cellule et en mastiqua hermétiquement
l'entrée.

« Voilà qui est bien triste ! dit le rosier.
Avec la meilleure volonté, je ne saurais
me replier en moi-même, il me faut toujours rester en dehors, toujours pousser
des roses, qui s'effeuillent et sont empor-
tées par les vents. Toutefois, j'ai vu mettre
une rose dans le livre d'hymnes d'une
mère de famille, une de mes fleurs a pris
place sur le sein d'une belle jeune fille, et
j'en ai vu une autre qu'un jeune enfant
pressait sur ses lèvres avec une sensation
joyeuse. Cela m'a fait tant de bien que
c'était pour moi une bénédiction véritable : tels sont mes souvenirs, telle est
ma vie. »

Et le rosier continua de fleurir innocem-
ment, et le limaçon dans sa coquille s'a-
bandonnait à la paresse : le monde ne lui
revenait pas !

Et des années s'écoulèrent.

Le limaçon devint poussière et fut rendu
à la poussière ; le rosier devint poussière
et fut rendu à la poussière : la rose elle-
même du livres d'hymnes dépérit, — mais

dans le jardin fleurirent de nouveaux rosiers, dans le jardin de nouveaux limaçons
se produisirent ; ils rampaient dans leurs
maisons et en sortaient pour baver, — le
monde ne leur revenait point !

Nous avons beau relire l'Histoire dès ses
débuts, elle nous présentera toujours le
même spectacle.

LE PAPILLON

Le papillon voulut avoir une fiancée ; et
de chercher naturellement parmi les fleurs
la plus charmante. Il promena par toute
la terre fleurie un regard investigateur, et
il trouva que chaque fleur se tenait silencieuse et digne sur sa tige, dans le main-
tien qui sied à une jeune vierge qui n'est
pas encore fiancée ; mais elles étaient en
bien grand nombre et le choix menaçait
de devenir fatigant : tant de peine ne fut
pas du goût du papillon ; aussi vola-t-il
rendre visite à la « Gænse blümchen. »
Cette fleurette, les Français l'appellent
« Marguerite ; ils savent que la Marguerite a le don d'oracle, ce qui lui arrive
quand les amants effeuillent ses pétales
les unes après les autres en interrogeant
chacune d'elles au sujet de la personne
chère : « M'aime-t-elle de tout son cœur ?
— Passionnément ? — Beaucoup ? — Pas-
sablement ? — Pas du tout ? » Le papillon

vint donc, lui aussi, vers la Marguerite
pour l'interroger ; toutefois il n'arracha
pas les pétales, mais il déposa un baiser
sur chacune d'elles, pensant qu'on arrive
mieux par la douceur.

« Excellente Marguerite, Gænse blümchen ! lui dit-il, vous êtes la plus sage
dame des fleurs, vous avez le don d'oracle ;
— je vous prie, vous supplie de me dire
si je dois prendre celle-là ? laquelle devien-
dra ma fiancée ? — Dès que vous m'en aurez instruit, je m'envolerrai droit vers elle
pour demander sa main. »

Mais la Marguerite ne répondait mot,
elle se sentait fâchée de ce qu'il l'avait
dame appelée alors que fille encore elle
était. Or, il y a certaine différence. Il l'in-
terrogea une deuxième fois, une troisième,
et comme elle demeurait muette, qu'il ne
recevait d'elle le plus petit mot de réponse,
il ne voulut pas la questionner plus longtemps, et il s'envola, et s'en alla directe-
ment faire sa demande en mariage.

Cela se passait dans les premières journées du printemps, et de tous côtés perce-
neiges et crocus étaient en fleur. Elles sont
en vérité charmantes, pensa le papillon, ce
sont les plus aimables petites communian-
tes du monde, mais elles sont un peu trop
insignifiantes. Comme tous les jeunes garçons, il n'avait d'yeux que pour les demoiselles dans leur maturité.

Là-dessus, il s'envola vers des anémo-
nes ; elles lui parurent un peu mélancoli-
ques ; les violettes lui semblèrent un peu

romanesques : les fleurs du tilleul étaient
trop petites et elles avaient une trop nom-
breuse parenté ; les fleurs du pommier
ressemblaient vraiment à des roses, mais
elles poussaient aujourd'hui et elles étaient
tombées le lendemain ; cela dépendait du
souffle du vent : mon hymen sera alors de
trop courte durée, pensa-t-il. La fleur des
pois était celle qui lui plaisait davantage,
elle était rose et blanche, tendre et mignonne, et appartenait à la catégorie des
jeunes filles de ménage qui ont bonne
mine et s'entendent toutefois à la cuisine.
Il fut sur le point de lui faire sa déclara-
tion d'amour, quand il remarqua derrière
elle une cosse où pendait une fleur fanée.
« Qui est donc là ? » demanda-t-il. » C'est
ma sœur, » répondit la fleur des pois.

« Ah ! vraiment Voilà comme vous de-
viendrez plus tard ? » demanda-t-il ; et il
détala, car cette vue le frappait d'épou-
vante.

Le chèvrefeuille retombait en fleur d'un
échalier ; tous les dehors d'une gracieuse
jeune fille se montraient là : visage allon-
gé, teint jaune, mais, non, ses manières
ne lui convinrent pas.

Ah ça ! laquelle aimait-il donc ?

Le printemps s'évanouit, l'été passa, et
et déjà c'était l'automne ; mais notre papillon était toujours indécis.

Les fleurs revêtaient les plus éclatantes
parures ; mais c'était en vain ! Il leur man-
quait un certain air animé, un certain parfum de jeunesse ; or, le cœur a besoin de

parfum, surtout quand il n'est plus jeune lui-même, et il est un peu difficile d'en trouver chez les dahlias et les pavots. Alors notre papillon se tourna vers la menthe qui est à ras la terre.

Cette plante n'a pas de fleurs, mais tout en elle est fleur, elle embaume des pieds jusqu'à la tête, chaque feuille exhale un arome : « C'est elle que je vais prendre ! » dit le papillon.

Et voilà qu'il lui demande sa main.

Mais la menthe se tint roide et silencieuse en l'écoutant ; enfin, elle lui dit : « De l'amitié, fort bien ! mais n'allons pas au delà. Je suis âgée et vous l'êtes de même ; nous pouvons très bien vivre en société, mais nous marier, non pas ! ne faisons pas les fous à notre âge. »

Et c'est ainsi que le papillon ne trouva pas femme. Il avait trop longtemps choisi, et c'est un mauvais principe. Notre papillon resta célibataire, comme on dit.

L'automne avançait, la pluie survint, puis la saison sombre. La bise soufflait glacée sur le dos des vieux saules tellement qu'ils en craquaient. Ce n'était pas un temps pour voltiger en habit d'été ; aussi le papillon ne voltigea-t-il nulle part au dehors, il s'était blotti par hasard sous un toit où il y avait du feu au poêle et où il faisait une température comme en été ; il put vivre, mais « vivre n'est pas suffisant, disait-il, il faut du soleil, de la liberté et une petite fleur pour compagne ! »

Et il voltigea devant les vitres de la fe-

8

nêtre ; on l'aperçut, on le trouva beau, on le piqua d'une aiguille et on l'enferma dans une boîte de curiosités ; on ne pouvait faire davantage pour lui.

« Me voici désormais sur une tige comme les fleurs ! dit notre papillon ; ce n'est pas très gai, vraiment ! C'est à peu près la même situation quand on est marié ; on est solidement attaché ! » — Et c'est ainsi qu'il trouva une sorte de consolation.

« C'est une piètre consolation ! » disaient les plantes qui étaient en pots dans la chambre.

« Mais, pensa le papillon, il ne faut pas trop se fier à ces plantes en pots, elles ont trop de fréquentation avec les hommes ! »

AU CYGNE D'ODENSÉE

La Marguerite du parc de Versailles

Ce palais tout rempli de dorure et de gloire,
D'exploits, de noms fameux immense répertoire,
Avec vous, Andersen, oui, je l'ai visité ;
Mais nos cœurs oppressés par tant de majesté,
Par la pensée aussi qu'au fond de toute Histoire,
Pour grande qu'elle soit, il est du sang, des pleurs,
Aspiraient à l'air pur, aux haleines des fleurs ; —
Et, près de vous, foulant les tapis de verdure,
Je dis, toujours plus belle est ton œuvre, ô nature;
L'âme qui te comprend chante un psaume divin,
Sans toi, tout est clinquant, bruit discordant et vain...
C'est pour si bien l'aimer, Andersen, qu'on vous aime...
Lors, comme un souvenir, aussi comme un emblème,
J'ai pris la Marguerite, et ce joyau des champs,
Dont Burns et vous ont dit les destins si touchants,
Et le fidèle amour pour la gente alouette,
Je vous l'ai présenté, mon noble et doux poète,

Ne sachant vraiment pas comment faire bien fête
Au conteur favori de l'enfance et des rois,
A l'habit constellé de rubans et de croix,
Auquel un souverain fit présent de sa bague,
Que banquets et concerts, de drapeaux pavoisés,
Par ses frères du Nord honneurs improvisés,
Accueillent, voyageur, — à qui, dans Copenhague,
Les blonds petits enfants adressent des baisers...

Louis Demouceaux.

6 mai 1867.

Versailles. — Imp. E. Aubert.

www.ingramcontent.com/pod-product-compliance
Lightning Source LLC
Chambersburg PA
CBHW070418090426
42733CB00009B/1707